AF187367

Tucholsky   Wagner   Zola   Scott   Sydow   Freud   Schlegel
Turgenev   Wallace   Fonatne
Twain   Walther von der Vogelweide   Fouqué   Friedrich II. von Preußen
Weber   Freiligrath   Frey
Fechner   Fichte   Weiße Rose   von Fallersleben   Kant   Ernst   Richthofen   Frommel
Hölderlin
Engels   Fielding   Eichendorff   Tacitus   Dumas
Fehrs   Faber   Flaubert
Eliasberg   Ebner Eschenbach
Feuerbach   Maximilian I. von Habsburg   Fock   Eliot   Zweig
Ewald   Vergil
Goethe   Elisabeth von Österreich   London
Mendelssohn   Balzac   Shakespeare   Dostojewski   Ganghofer
Lichtenberg   Rathenau   Doyle   Gjellerup
Trackl   Stevenson   Hambruch
Mommsen   Tolstoi   Lenz   Hanrieder   Droste-Hülshoff
Thoma
Dach   Verne   von Arnim   Hägele   Hauff   Humboldt
Reuter   Hagen   Hauptmann   Gautier
Karrillon   Garschin   Rousseau   Baudelaire
Defoe   Hebbel
Damaschke   Descartes
Wolfram von Eschenbach   Dickens   Schopenhauer   Hegel   Kussmaul   Herder
Bronner   Darwin   Melville   Grimm   Jerome   Rilke   George
Campe   Horváth   Aristoteles   Bebel   Proust
Bismarck   Vigny   Barlach   Voltaire   Federer   Herodot
Gengenbach   Heine
Storm   Casanova   Tersteegen   Gilm   Grillparzer   Georgy
Lessing   Langbein
Chamberlain   Gryphius
Brentano   Lafontaine
Strachwitz   Claudius   Schiller   Kralik   Iffland   Sokrates
Bellamy   Schilling
Katharina II. von Rußland   Gerstäcker   Raabe   Gibbon   Tschechow
Löns   Hesse   Hoffmann   Gogol   Wilde   Vulpius
Luther   Heym   Hofmannsthal   Klee   Hölty   Morgenstern   Gleim
Roth   Goedicke
Luxemburg   Heyse   Klopstock   Puschkin   Homer   Kleist
La Roche   Horaz   Mörike   Musil
Machiavelli   Kierkegaard   Kraft   Kraus
Navarra   Aurel   Musset
Nestroy   Marie de France   Lamprecht   Kind   Kirchhoff   Hugo   Moltke
Laotse   Ipsen   Liebknecht
Nietzsche   Nansen   Ringelnatz
Marx   Lassalle   Gorki   Klett   Leibniz
von Ossietzky   May   vom Stein   Lawrence   Irving
Petalozzi   Platon   Knigge
Sachs   Pückler   Michelangelo   Kafka
Poe   Liebermann   Kock   Korolenko
de Sade   Praetorius   Mistral   Zetkin

Der Verlag tredition aus Hamburg veröffentlicht in der Reihe **TREDITION CLASSICS** Werke aus mehr als zwei Jahrtausenden. Diese waren zu einem Großteil vergriffen oder nur noch antiquarisch erhältlich.

Symbolfigur für **TREDITION CLASSICS** ist Johannes Gutenberg (1400 — 1468), der Erfinder des Buchdrucks mit Metalllettern und der Druckerpresse.

Mit der Buchreihe **TREDITION CLASSICS** verfolgt tredition das Ziel, tausende Klassiker der Weltliteratur verschiedener Sprachen wieder als gedruckte Bücher aufzulegen – und das weltweit!

Die Buchreihe dient zur Bewahrung der Literatur und Förderung der Kultur. Sie trägt so dazu bei, dass viele tausend Werke nicht in Vergessenheit geraten.

Vertraute Briefe von Adelheid B. an ihre Freundin Julie S.

Ein Roman

Friedrich Nicolai

Impressum

Autor: Friedrich Nicolai
Umschlagkonzept: toepferschumann, Berlin

Verlag: tredition GmbH, Hamburg
ISBN: 978-3-8424-9234-9
Printed in Germany

Rechtlicher Hinweis:
Alle Werke sind nach unserem besten Wissen gemeinfrei und
unterliegen damit nicht mehr dem Urheberrecht.

Ziel der TREDITION CLASSICS ist es, tausende deutsch- und
fremdsprachige Klassiker wieder in Buchform verfügbar zu
machen. Die Werke wurden eingescannt und digitalisiert. Dadurch
können etwaige Fehler nicht komplett ausgeschlossen werden.
Unsere Kooperationspartner und wir von tredition versuchen, die
Werke bestmöglich zu bearbeiten. Sollten Sie trotzdem einen Fehler
finden, bitten wir diesen zu entschuldigen. Die Rechtschreibung der
Originalausgabe wurde unverändert übernommen. Daher können
sich hinsichtlich der Schreibweise Widersprüche zu der heutigen
Rechtschreibung ergeben.

Julie S. an ***

Hier haben Sie nun, weil Sie es verlangen, die Abschrift der Briefe meiner kürzlich verstorbenen Freundin über ihr Verhältnis mit Gustav B. Was nicht zu dieser Geschichte gehört, ist weggelassen worden.

Sie bekommen nicht alle Briefe, die ich damals erhielt; denn meine Adelheid war eine unermüdete Schreiberin. Auch fehlen einzelne Stellen. Briefe, worin sich das Herz eines empfindsamen Weibes ergießt, können allerdings auch einen Dritten interessieren; manches darin ist aber nur der innigen Freundin geschrieben, welche des Herzens zarteste Empfindungen ganz versteht und mitfühlt. Es findet sich auch in jedem vertrauten Briefwechsel etwas, das nur durch weitläuftige Erläuterung einem Dritten ganz verständlich werden kann. Schon der Sinn eines Scherzes verliert, wenn er erst umständlich erklärt werden muß; wie sollte man erläutern können, was aus innerster Empfindung in ein verschwistertes Herz übergeht! Was also einer Erklärung bedurft hätte,[1] schrieb ich Ihnen nicht ab. Damit Sie aber im allgemeinen den Sinn dieser Briefe richtig fassen mögen, glaube ich Ihnen das Leben meiner Freundin kurz erzählen zu müssen, soweit es hierher gehört, mit Schilderung ihres Charakters und ihrer Person, nicht ohne Liebe und wehmütige Erinnerung, aber doch unparteiisch.

Unsere vertraute Freundschaft stammte von unserer frühesten Jugend her. Was wir uns beide waren, wie sich unsere Seelen mitteilten, sage ich Ihnen nicht; denn das läßt sich weder beschreiben noch erzählen. Meine Freundin war schön, die schönste unter ihren Gespielinnen! Warum soll ich verhehlen, daß wir schön waren? Ein Weib kann dies von sich selbst wissen, ohne eitel zu sein. Sie haben Sophien D., Philippinen W., Wilhelminen H. gekannt, die sich in jenem blühenden Zirkel durch ihre Schönheit vorzüglich auszeichneten; dennoch erkannten wir alle Adelheid M. für die Schönste unter uns und liebten sie alle. Der schlanke Wuchs, der edle Gang, die zarte Haut, das lange kastanienbraune Haar, der durchdringen-

---

[1] Die wenigen Anmerkungen in diesem Abdrucke sind von dem Herausgeber (das heißt: von Nicolai) hinzugefügt.

de Blick ihrer blauen Augen, das holdselige Lächeln, das auf ihren Lippen und Wangen schwebte, dies alles kann sich die Einbildungskraft vorstellen, und der Maler könnte es noch malen; aber der hohe Geist, der diesen schönen Körper beseelte, die namenlosen Reize, welche über dies alles ausgegossen waren, das volle Leben, vereint mit stiller Größe, was jedem Gesichtszuge, jeder Bewegung eingeprägt war, können nicht dargestellt werden. Im Charakter ebenso gleichmütig als wahr, ebenso unbefangen als offenherzig, blieb üble Laune und Prätension, blieb Affektation und Verstellung von meiner Freundin gleichweit entfernt. Sie war ungezwungen in ihrem ganzen Wesen und liebte sowohl in Gesellschaft als in den Werken des Geistes das Natürliche. Sie fühlte in menschlichen Charakteren und an Geisteswerken das wahre Originale, Erhabene, Außerordentliche. Nur falsche Originalität fand bei ihr so wenig Nachsicht als überhaupt Scheinverdienst und Dünkel. Sie schien oft mutwillig; denn ihr Geist war so zart empfänglich für das Wahre und Schöne, und sie überblickte das Ganze eines Gegenstandes so hell und so richtig, daß alles Verzerrte und Lächerliche schnell auf sie traf; und dann pflegte sie es nicht zu schonen. Ich habe die Ausbrüche ihrer mutwilligen Laune nicht weggelassen, denn auch sie sind Zeugen der unbefangenen Herzensergießung in ihren Briefen an mich, welche aus unserm wechselseitigen unbegrenzten Vertrauen entsprang. Aber bei dem muntersten Witze hatte meine Freundin den feinsten Sinn für das Schickliche und sittlich Schöne, bei der anmutigsten Geschmeidigkeit im Umgange mit andern den festesten Sinn der Selbständigkeit und Übereinstimmung mit sich selbst. Sie empfand tief. Ihre besondere Lage in der Jugend und frühes Unglück hatten ihr vervielfältigte Menschenkenntnis verschafft, aber auch ihren Geist noch mehr angespannt, so daß ihre Nerven leicht in Bewegung gesetzt wurden, gleich den Saiten eines klingenden Instrumentes, die bei der leisesten Berührung ansprechen. Sie konnte ihrer Empfindungen Meister werden durch Vernunft und Überlegung, sobald diese es erforderten, aber es kostete ihrem lebhaften Geiste um soviel mehr, je feiner ihr Gefühl war und je inniger bei ihr jedes Sentiment ins Herz traf. Ihr Edelmut dachte eher darauf, andere glücklich zu sehen als sich selbst; daher empfand sie Liebe und Freundschaft in einem Grade, den wenige nur kennen, noch viel wenigere erreichen. Sie hatte Sinn für alle häuslichen Geschäfte, war pünktlich darin, ohne daß je dadurch die Ausbildung des Verstandes oder jene durch diese wären gehindert worden. Sie las viel, ohne im geringsten die Gelehrte spielen zu wollen. Alles geistige Schöne wirkte auf ihren fühlenden Geist. Musik, sonderlich Gesang, war ihre innigste Ergötzung in frohen Tagen und oft ihr Trost in Tagen des Leides. Sie war mit ihrem Manne in Italien, in Frankreich und England gewesen und hatte die Meisterstücke der Malerei und antiken Bildnerei gesehen – nicht nur gesehen, sondern auch empfunden, noch mehr: im Geiste angebetet. Diese zarte Empfänglichkeit für den Genuß des Schönen wirkte auch auf sie selbst zurück, bis auf ihren Anzug: alles stand ihr wohl; ihr Kleid schien zu ihrem Körper zu gehören; was sie zum Schmucke hinzusetzte, glaubte man beinahe, gehöre zu den Reizen, womit sie die Natur so reichlich geschmückt hatte. Wenn sie tanzte, zog sie jedes Auge auf sich; jede ihrer Bewegungen war im Ebenmaße, wenn sie durch die Reihen schwebte, voll Anmut, ohne Anstrengung.

Meine Adelheid war ein Weib, sie wollte gefallen: aber sie gefiel ungesucht, weil sie, selbst froh, immer andere froh zu machen suchte. Viel schöne Mädchen und Frauen verfehlen die Absicht ihres Putzes und ihrer Kunst, zu gefallen, weil beides nur angenommen, nicht aber mit ihnen selbst einstimmig ist. Das Weib, das sich selbst kennt, kann sich ganz unbefangen der unschuldigsten unter allen Neigungen hingeben, der Neigung, zu gefallen, wodurch die Freuden des Lebens und der Geselligkeit so sehr erhöhet werden. Sie erreicht ohne Mühe ihren Zweck, daß andern in ihrer Gesellschaft wohl sei. Nicht so die Frau von schwankendem Charakter, wäre sie auch noch so schön; denn sie besitzt sich nicht. Ihre Sucht, Aufmerksamkeit zu erregen, hat nicht andere, sondern nur sich zum Zwecke. Mit sich selbst aber ist sie unbekannt, und je mehr sie ihrer Sucht nachgibt, desto mehr lernen andere sie kennen.

Adelheids Eltern waren angesehen und wohlhabend. Die Erziehung ihrer Tochter war daher fast nur auf artige äußere Bildung gerichtet; ihre bessere Bildung gab sie sich selbst viel später. Die Zeit ihrer ersten Kinder- und Jugendjahre ging dahin in allen Zerstreuungen des Weltlebens. Putz, große Gesellschaften, Vergnügungen aller Art, Bälle, gesellschaftliche Schauspiele wechselten ab. Noch schwebt vor meiner Seele das Andenken unsers damaligen jugendlichen Lebens; es war heiter und schuldlos, aber ohne Gedanken auf die Zukunft; wer hätte diese auch von jungen Mädchen fordern können, wenn die Eltern selbst unachtsam darauf waren! Eine Menge munterer junger Leute flatterte um uns her: denn wir waren sieben Mädchen von gleichem Alter, gleich froh und alle in jugendlicher Blüte. Einer der schönsten Jünglinge, Herr L., mit den einschmeichelnden Manieren begabt, welche so leicht das Herz junger Mädchen betören, suchte ihre Liebe. Sie war noch nicht völlig fünfzehn Jahre, da sie den Jüngling liebte; ach! mit dem Feuer eines jungen Mädchenherzens, dessen verzehrende Kraft die Jugend nicht kennt. Wie selig war diese Zeit, da ich die Vertraute beider liebenden Seelen war! Ich erinnere mich noch sehr wohl, wie ganz ich damals ihre Wonne teilte und im stillen nur nicht begreifen konnte, daß niemand an mich so ernstlich dachte; und ich war doch ein volles Jahr älter.

Indes war diese Seligkeit von kurzer Dauer. Sobald die Eltern die Verbindung gewahr wurden, war sie auch getrennt. Die Mutter, eine verständige Frau, verbot ihrer Tochter diesen Umgang, weil sie gegen den Charakter des Herrn L. starke Zweifel hegte. Aber wie könnte ein liebekrankes Mädchen an ihrem bezaubernden Jünglinge zweifeln! Adelheid war untröstlich, sich von ihrem Geliebten auf ewig getrennt zu sehen, dessen Gram sie nach dem ihrigen abmaß. Ich blieb ihre Vertraute und schalt noch mehr als sie auf die Strenge der Eltern.

Herr L. eilte, unserm Unwillen eine andere Richtung zu geben; denn nicht völlig sechs Monate nachher heiratete er Philippinen W., eine unserer Gespielinnen, sehr schön und noch reicher als Adelheid. Diese ward nun trostlos über seine Unbeständigkeit, und ihr Herz hing doch im stillen an ihm. Sie hatte aber bald die peinliche Empfindung, ihn auch nicht einmal hochschätzen zu können. Er begegnete seiner Gattin schlecht, und man sah aus allem, daß es ihm bei ihr so wie bei Adelheid nur um das Vermögen zu tun gewesen war. Er verschwendete es in kurzer Zeit und lebte so geschwind, daß er nach wenig Jahren seine Witwe und Tochter in bedrängten Umständen hinterließ. Gleiches Schicksal würde meine Adelheid getroffen haben, wenn sie – mir schaudert noch – hätte folgen dürfen den ersten Regungen eines schuldlosen Herzens, das noch nicht wußte, welcher Treulosigkeit Männer fähig sind.

Nun stürmten unglückliche Begebenheiten Schlag auf Schlag auf sie. Ihre Mutter starb, und bald trat eine Stiefmutter an ihre Stelle, welche sich des Vaters ganz bemächtigte und sein Herz von seiner Tochter abwendete. Daß Adelheid traurig war, daß ihr zärtliches Herz das Andenken an ihren Ungetreuen nicht gleich auszulöschen vermochte, ward ihr als ein Verbrechen ausgelegt. Die Stiefmutter und zwei Tanten, fühllose alte Jungfern, quälten sie; und weil der Eigennutz der Stiefmutter ins Spiel kam, ward Adelheid in ihrem siebzehnten Jahre, ohne ihre Neigung im geringsten zu Rate zu ziehen, im eigentlichsten Verstande verkauft, an einen reichen Junggesellen, der schon auf die Vierzig ging, als ihm noch einfiel, ein junges schönes Mädchen heiraten zu wollen, ohne eine Mitgift zu verlangen. Auch ich ward von ihr getrennt; denn ich heiratete beinahe zu ebender Zeit nach der Neigung meines Herzens, aber entfernt von ihr. Wie lebhaft erinnere ich mich noch an ihre Umarmung beim Abschiede! Aus beider Augen flössen Tränen, gemischt aus der Empfindung meines Glücks und dem Kummer über ihre Lage. Mein Los ist zeitlebens gewesen, selbst glücklich zu sein, nicht aber meine vertraute Freundin glücklich zu sehen.

Meine Adelheid hatte unter allen fröhlichen Zerstreuungen der Jugend allzeit edel und ernsthaft gedacht; sie hatte immer einen hohen Begriff von ihrer Pflicht. So dachte sie auch ernstlich auf Vollbringung der Pflichten ihres neuen Standes, ob sie ihr gleich wider ihren Willen aufgedrungen waren. Ihrem Manne fehlte es nicht an gesundem Verstande und an einer gewissen Gutmütigkeit; aber er war grämlich und wunderlich in seinem Betragen, wie gewöhnlich die Junggesellen bald werden, besonders wenn sie lebhaften Geistes und reich sind. Adelheid, obgleich ihr Herz kalt war, bezeigte sich nie ungefällig, begegnete vielmehr ihrem Gatten vom ersten Anfange an so liebreich und zugleich mit so viel unbefangener weiblicher Würde, daß er sich bei ihr in eine Lage versetzt fühlte, die er noch nie gekannt hatte. Weil es ihm an richtigem Sinne nicht ganz fehlte, traute er sich nicht, seine gewöhnliche üble Laune im geringsten weder an ihr noch in ihrer Gegenwart an ändern auszulassen. Er bewunderte bald, wie sie ohne alle üble Laune alles viel besser ausrichtete und sich selbst besser befand als er bei seinem sonst gewöhnlichen Murren und Zanken. Die Folge dieser Bewunderung war sehr große Hochachtung gegen seine so schöne als verständige Gattin. Hieraus entstand größere Achtung gegen sich selbst, so daß er sich viele Unschicklichkeiten nicht mehr erlaubte, weil seine Empfindungen unvermerkt feiner geworden waren. Ich bewahre noch die Korrespondenz meiner Adelheid, worin sie mir beinahe wöchentlich Nachricht gab von dem Fortgange ihrer Bemühungen, ihren Gatten zu beglücken, so daß ihrem edlen Geiste das Opfer täglich leichter ward, welches zu bringen ihr Schicksal sie bestimmt hatte. Sie wußte auch seine Muße zu beschäftigen, so daß Langeweile, die gewöhnliche Hausplage reicher Leute, gar nicht mehr stattfand; sie erweckte in ihm den Sinn zur Verbesserung ihres Landgutes: neue Pflanzungen fingen an, die Gegend zu verschönern; auf ihren Rat ward anstatt eines baufälligen und dumpfigen Gebäudes am Abhange eines Hügels ein neues und sehr wohnliches[2] Haus errichtet. Sie beredete ihn endlich, in ihrer Gesellschaft eine Reise durch Deutschland, Italien, Frankreich und England zu machen, womit sie beinahe zwei Jahre zubrachten. Sie versammelte in ihrem Hause ausgesuchte Gesellschaft, welche Verstand und Witz mit feiner Lebensart verband.

Ihr Gatte schöpfte durch dieses alles so viel neue Kenntnisse und ward für so viele neue edlere Vergnügungen empfänglich, daß seine Dankbarkeit – an sich eine kalte Tugend, die aber zu warmen Empfindungen begeistern kann – sich nach und nach zu einer innigen Zuneigung erhob, welche wohl den Namen wirklich verdiente.

Meine Freundin, freilich langsamer erwärmt, hatte vom Anfange an aus reifer Überlegung seine guten Eigenschaften hervorzusuchen und immer mehr zu entwickeln gesucht. Sie übte mit Selbstverleugnung die Pflicht, den Mann zu leiden, an welchen sie das Schicksal gefesselt hatte. Aber wie weit ist es vom Ertragen bis zur Liebe? Es war das Opfer, welches das edle Weib ihrer Pflicht brachte, und das Verlangen, ihn in ihrer Gesellschaft möglichst glücklich zu sehen, die Frucht ihrer Gutmütigkeit; aber ihr Herz blieb immer noch leer, selbst da noch, als durch ihres Gatten fortdauerndes liebreiches Betragen nach und nach eine Zuneigung gegen ihn entstand, die nunmehr ihre Lage täglich angenehmer machte. Als aber nach und nach seine Zuneigung gegen sie immer wärmer ward, als ihre

---

[2] Julie S. scheint mit diesem neugeprägten Worte den Begriff des engländischen Beiwortes comfortable ausdrücken zu wollen.

beiderseitigen Wünsche sich beständig begegneten, als edle Eigenschaften immer mehr die gegenseitige zuvorkommende Achtung bis zum Wohlgefallen erhoben, als dieses wechselseitige Wohlgefallen in gemeinsame Anhänglichkeit und daraus in süße Traulichkeit überging: so wurden auch beider Herzen inniger verschlungen, und meine Adelheid liebte nun ihren Mann herzlich.

Nicht mit der feurigen Liebe, welche die Jugend erhitzt und oft schneller desto vergeht, je wilder sie auflodert, nicht der eingreifenden, begeisterten Roman sondern mit der Liebe, welche im wirklichen Herzen verbindet, mit der Liebe, die des Geliebten Glück dem Liebenden süßesten Genuß wechselweise gewähret. Die jugendliche Liebe kann ihrer Natur nach nicht länger dauern als die Jugend und endet oft viel ehe als diese. In Romanen wird die Liebe, so wie alles andere, nur so gefaßt und in Bewegung gesetzt, wie sie bedeutende Folgen haben und den Leser interessieren kann. Die herzen beglückende Liebe ist von dem gütigen Schöpfer in das menschliche Geschlecht weit mannigfaltiger ausgestreut, als jugendliche Phantasie sie denken und der Romanschreiber brauchen kann, und sie entsteht und wachset und wird vollendet auf unendlich verschiedene Weise. Sollte sie nicht auch aus gewissenhafter Anhänglichkeit an seine Pflichten entstehen und vollendet werden können, wenn zuletzt aus dieser Anhänglichkeit warme Neigung wird? Sollte nicht jede wechselseitige Neigung, wodurch ein der Zärtlichkeit offenes Herz das andere beglückt, indem es eben dadurch beglückt wird, Liebe sein? Nenne sie anders, wer will; ich mag dafür keinen andern Namen! Es gibt Stufen in der Liebe; aber jede Sprosse gehört zur Leiter, und wer auf einer steht, kann die höchste erreichen, sobald in ihm dazu Kraft und Sinn liegt. Wohl dem, welcher die höchste ersteigen kann! Und welches ist die höchste? Sie läßt sich in der Imagination sehr hoch denken. Aber wo ist sie in der wirklichen Welt, und wie lange dauert sie?

Die zärtliche Liebe, wodurch das Herz meiner Adelheid mit dem Herzen ihres Gatten innig verbunden war, beglückte die letzte Hälfte ihrer nur kurzen Ehe; denn diese dauerte kaum zehn Jahr. Adelheids Glückseligkeit ward schnell zertrümmert, eben da sie am höchsten gestiegen war. Sie verlor kurz nacheinander ihre beiden Kinder und wenige Monate darauf ihren Mann. Ihre Gesundheit ward erschüttert, und ihr Geist war ganz abgespannt, so daß sie gleichgültig gegen alles in der Welt wurde. Dieser Zustand währte beinahe zwei Jahre; die Einsamkeit verschlimmerte ihn. Ich erhielt endlich von meiner Freundin, daß sie ein Jahr bei mir zubrachte. In den Armen der Freundschaft, in meiner Familie, durch die Anhänglichkeit an meine Kinder fand sich ihre Gesundheit wieder und mit derselben einige Heiterkeit des Geistes. Nun war es Zeit, ihr vorzustellen, daß Rückkehr zur Geselligkeit und zur Ruhe ihre Pflicht gegen sich selbst sei. Sie überzeugte sich davon, und so kehrte endlich ihr Frohsinn und mit demselben die Blüte ihrer Schönheit zurück, und sie bekam wieder Mut, den Rest ihres Weges mit Blumen zu bestreuen.

Anfänglich, immer noch im stillen Triebe zur Einsamkeit, wählte sie das Landleben und machte sich einen süßen, ein wenig romantischen Plan ihrer Existenz. Sie versuchte es, fand es aber bald für ihre Lage und für ihren lebhaften Geist allzu einförmig, welches sie sich anfänglich nicht so vorgestellt hatte. Sie war zeitlebens am Umgang mit kultivierten Menschen gewöhnt. Sie liebte zu sehr die gemischten Gesellschaften, wo Leute von verschiedenen Ständen und Gemütsgaben zur gemeinsamen Annehmlichkeit der Unterhaltung beitragen, ohne ihren eigentümlichen Charakter zu verleugnen. Dergleichen gesellschaftliche Unterhaltung läßt sich auf vorzügliche Weise weder auf dem Lande noch in einer kleinen Stadt finden, wo nur Leute von einerlei Art wohnen, die nicht in mannigfaltigen Verhältnissen stehen, die also, selbst wenn ihr Charakter gebildet ist und ihre Empfindungen verfeinert sind, nur einseitig gebildet sein können. Meine Freundin wählte also wieder D. zu ihrem gewöhnlichen Aufenthalte, weil sie schon wußte, wieviel Erfordernisse zur Annehmlichkeit des Lebens dort zu finden waren, und weil diese Stadt in der Nähe ihres Landgutes lag. Witz und feine Kenntnisse waren in D. unter beiden Geschlechtern verbreitet, und mehrere Damen machten ihre Häuser zu *bureaux d'esprit*. Adelheid haßte diese Gesellschaften, wohin man nur geht, um sich darzustellen. Sie mochte die Imaginationsmenschen nicht leiden. Über solche Leute konnte sie ihre Satire nicht zurückhalten. Sonst ging sie gern mit geistvollen Personen um, und ihr Haus war oft ein Sammelplatz, aber nur solcher, welche sich durch Menschenkenntnis und Erfahrung gebildet hatten, welche durch angenehmen Gedankenaustausch jeder dem andern Vergnügen und Nutzen mitzuteilen wußten, nicht bloß ihr kleines Ich vorzuzeigen beflissen waren. Diesen Ton gab sie selbst an. Munter von Natur, gesetzt durch Erfahrung und Weltkenntnis, weise geworden durch Nachdenken und Mißgeschick, wußte sie Verstand und Heiterkeit zu paaren. Sogar ihr leichtfertiger Witz kam wieder, vermöge dessen sie zuweilen für mutwilliger gehalten wurde, als sie war. Die Bienen haben ihren Stachel, und sie war emsig wie eine Biene. Den Morgen widmete sie der Korrespondenz mit mir und noch ein paar Freundinnen, der Lektüre und ihren kleinen häuslichen Geschäften. Der Nachmittag und Abend blieb für die auserlesenen freundschaftlichen Gesellschaften, welche durch ihre muntern Unterhaltungen doppelt belebt wurden.

Sie war über sechs Jahre Witwe, als Gustav B., ihr Schwager, nach D. zurückkam. Er war der jüngere Bruder ihres verstorbenen Mannes und um einige zwanzig Jahre von ihm an Alter unterschieden. Sie fand ihn als einen Knaben von acht Jahren in dem Hause ihres Mannes. Sie hatte nicht wenig zu seiner ersten Bildung beigetragen, und kurz nach dem Tode ihres Mannes war er in seinem achtzehnten Jahre nach der Universität gegangen. Das übrige wird aus den Briefen selbst verständlich sein.

Briefe der Adelheid B. an Julie S.

1.

Was sind wir für arme Leute, wir, die kein anderes bestimmtes und dringendes Geschäft haben, als unser Leben zu genießen! Wieviel schwerer wird es uns als andern, vernünftig zu bleiben; und das müssen wir doch schon, wäre es auch nur, damit wir auf die Dauer genießen können. Da möchte man beinahe auf die Vernunft ungehalten werden, daß sie oft unsern Genuß erstickt, wenn er die ganze Seele einnehmen wollte; doch überlegen wir's recht und sehen auf die Folgen, so finden wir, daß aus dem Genusse bald würde Ungenuß geworden sein und daß die beschwerliche Vernunft am Ende doch recht hat. Ich fühle es immer mehr: es ist keine geringe Last, bloß von sich selbst und von seiner Muße abhängig zu sein, ohne bestimmten Zweck. Wie viel glücklicher bist Du, liebe Julie! Du wirst am Bande Deines Hauswesens, Deiner Kinder, sogar Deiner Sorgen leicht und froh durchs Leben geführt. Ich selbst erinnere mich auch noch wohl, wieviel glücklicher ich war, als ich beständig bemüht sein konnte, meinen Mann glücklich zu sehen, als ich Sorge für meine Kinder, Angst wegen ihrer Krankheiten, aber auch Freude über ihre Gesundheit und über die Entwicklung ihrer kleinen Geisteskräfte hatte. Genug davon! Die Zeiten sind vorbei! Ich fühle, ich darf Gedanken dieser Art nicht denken.

Wir Müßiggänger sehen Weg auf Weg zum Vergnügen vor uns, wir haben die Wahl, welchen wir einschlagen wollen, und nicht selten die Qual, uns verirrt zu haben. Nichts sieht der großen Straße zum Vergnügen oft ähnlicher als der Pfad zur Reue. Ich habe dies nicht aus eigener Erfahrung, liebe Julie; denn meine gesunde Vernunft oder vielleicht nur ein bißchen Bedächtigkeit, welche man lernt, wenn's einem nicht immer nach Willen geht, haben mich vor Reue bewahrt. Aber an andern sehe ich täglich, wohin Hang zum Vergnügen führen kann, wenn man nichts als Vergnügen sucht. Ich mag daher den Müßiggang an andern nicht leiden, am wenigsten an denen, welche ich schätze, und ich selbst schaffe mir Arbeit, so gut ich kann. Das ist gewaltig philosophisch, sagst Du? Nein, Weibchen, gewaltig sinnlich, sollst Du wissen! Denn nichts führt mehr zum feinern Genusse und läßt ihn sicherer fortdauern als der Trieb zur Beschäftigung und der Sinn, daß unsere Beschäftigung andern zum Nutzen gereichen soll.

Deshalb gewinne ich meinen alten Obersten alle Tage lieber. Der Mann ist blessiert und kann nicht dienen. Er hat nichts zu tun und ist doch nie müßig. Er fährt fort, unseres Freundes W. Garten neu anzulegen, pflanzt und okuliert selbst. Er hat jetzt junge fähige Offiziere um sich versammelt, läßt sie unter seinen Augen zeichnen und gibt ihnen Unterricht in allen Teilen der Kriegskunst, welche er durch seine Belesenheit und aus der Erfahrung seiner eigenen Feldzüge erläutert.

Und mit welcher vollen Seele kann nun dieser Alte das Vergnügen genießen! Du kennst meinen kleinen gesellschaftlichen Zirkel. Er soll weder gelehrt noch witzig sein, und wenn Du willst, ist er doch beides, nur wird weder vom Witze noch von Gelehrsamkeit Profession gemacht. Er besteht aus Menschen von den verschiedensten Charakteren. An alle diese weiß sich unser fröhlicher Alter anzuschmiegen; denn er hat eine ganz eigne Art, nicht sich selbst zu zeigen, sondern andere in der Gesellschaft geltend zu machen, damit sie zur allgemeinen Unterhaltung beitragen. Er hat recht. Für sich und für die Gesellschaft ist es viel angenehmer zu genießen, als gelobt zu werden. Darum mag ich auch die vielen gelehrten und witzigen Zirkel nicht suchen, denen jetzt alles hier nachläuft. Da ist jeder besorgt, seine besten guten Einfalle, besonders aber seine besten erhabenen Gedanken, anzuziehen wie wir ehemals in großen Gesellschaften unsere bunten Lätze und breiten Fischbeinröcke. Das jetzige feierliche Wesen der neuesten deutschen Schöngeister soll genialisch sein und, Gott weiß es, ist mehrenteils so steif wie vor zehn oder zwanzig Jahren unsere Modetorheiten. So wird jetzt in solchen Gesellschaften das Exzentrische angezogen, als wäre es das Festkleid eines großen Genies. Einer lobt den andern, daß es ihn so original kleidet, und wenn er fertig ist, so stellt er sich hin, um wieder gepriesen zu werden. Das einmal oder zweimal anzusehen ist ganz lustig, öfter wird's herzlich langweilig.

2.

Mein Schwager Gustav ist seit vorgestern zurückgekommen. Mein Gott, wie hat sich der Mensch geändert in den sechs Jahren, da er abwesend war. Er brachte drei Jahre auf Universitäten zu, um Weisheit einzunehmen. Drei andere Jahre lang übte er seine Weisheit aus, wie ich höre; das heißt, er studierte darauf, wie die Welt durch ihn besser werden sollte; er schrieb an der gelehrten Zeitung des Ortes; er machte in dem Musenalmanache des Ortes seine Gedichte bekannt, worauf er nicht wenig hält, wie ich merke. Das alles mag ihn berühmt machen; liebenswürdiger ist er dadurch nicht geworden. Gustav war ein so guter Knabe, als ich meinen Mann heiratete, war auch ein so hübscher Junge, als er vor sechs Jahren die Schule verließ; nun ist er ein großer Philosoph, ein großer Dichter, ein großer Ich-weiß-nicht-was geworden. Das ging geschwind zu! Auch hast Du keinen Begriff, wie gelehrt der Mensch aussieht. Er hat noch dazu einen Freund mitgebracht, den Herrn von X., einen reichen Edelmann, der macht wieder auf andere Art eine verzweifelt gründliche Gestalt aus. Ich denke, gelehrt muß das Aussehen sein; wenigstens wie andere Menschen sehen beide Herren nicht aus.

Der Herr von X. ist hochblond und hat dabei ein ganz karmesinrotes Pausbackengesicht. Mein Schwager ist, wie Du weißt, brünett und ist wirklich blaß geworden vor lauter Gelehrsamkeit. Jener trägt seine Flachshaare gescheitelt bis auf seine sehr kurze Stirn, so daß sie ihm über die flachen, geschlitzten, grauen Augen hängen. An beiden Seiten liegen sie auf den Schultern, wo die Spießhaare gerade in die Quere abgeschnitten sind. Wenn er sich nun neigt (und das tut er zuweilen mit einer halb spöttischen, halb gnädigen Höflichkeit), so sieht man ein paar Millionen lange weiße Haare, aber kein Gesicht, wobei freilich eben nicht viel verlorengeht. Meinem trauten Herrn Schwager hingegen ist sein Gesicht mehr wert, denn der hat es von allen Hindernissen befreit, damit man es bar sehe. Er hat sein schönes kastanienbraunes Haar bis auf anderthalb Zoll rundherum vom Kopfe abgeschnitten. Es sträuben sich also die dichten Stoppeln aufwärts auf dem ganzen Scheitel in die Höhe, und so sieht er mit seinem blassen Gesichte und mit dem stieren gelehrten Blicke ungefähr aus wie Hamlet, da er den Geist erblickt. Kein Haar seines Antlitzes wächst unbeschnitten, außer von beiden Seiten ein fürchterlich langer Backenbart. Der wird wohl die Philosophie anzeigen, denn die soll sonst in den Bärten gesessen haben.

So sehr verschieden der Haarputz der beiden Herren ist, so kommen sie in ihrem übrigen Anzuge ganz überein. Ihre Kinne sind in ungeheuer dicke Halstücher bis an die Unterlefzen eingepackt. Beide tragen lange, weite Beinkleider bis auf die Knöchel, womit sie in allen Gesellschaften erscheinen, und beide sind in lange, schlotternde Röcke gehüllt, ohne allen Schnitt und mit fünf oder sechs metallenen Knöpfen beständig zugeknöpft, über welche der Saum des Tuchs ein paar Zoll breit überstehet. Alles das kömmt schnurgerade aus Paris.

Wie doch die Dinge in der Welt zusammenhängen! Die französischen Freiheitsheere kamen neulich nach Brabant und Holland, zerlumpt und barfuß. Sie machten also sogleich Requisitionen von mehreren tausend Röcken und Beinkleidern. Die wurden in der Eil ohne sonderlichen Schnitt und fein weit gemacht, und weil man nicht wußte, ob der Requisitionsrock über einen dünnen oder dicken Bauch passen sollte, so setzte man die Knöpfe um ein paar Zoll zurück, damit sie allenfalls nach vorwärts konnten gerückt werden, und machte so wenig Knöpfe als möglich, weil die ganze Requisition um Gottes Willen gegeben werden mußte. Den französischen Soldaten kamen die langen Beinkleider trefflich zustatten, als sie im Winter Holland einnahmen; und wer ein Schnupftuch hatte, band es sich ums Kinn, zum Schütze vor dem schneidenden Winde. Die Pariser Modenarren, welche mit weniger Mühe in der Komödie und auf dem Boulevard bravtun wollten, kleideten sich ebenso wie die halbgefrornen Helden, welche scharf wie der Nordwind, der sie über das Eis trug, den armen Holländern Freiheit und Gleichheit ins Gesicht bliesen. Vom Pariser Boulevard kamen diese Kleidungen als Mode nach Deutschland. Wir Deutschen machen alles nach und meist schief. Es sieht possierlich genug aus, wenn man Domherren aus deutschen hohen Stiften des Morgens herumlaufen sieht, gekleidet, als wäre ihnen ihr Anzug durch Requisition ihrer Feinde, der Franzosen, geliefert worden. Und daß junge deutsche Gelehrte sich sogar in Gesellschaft hinstellen, angeputzt, als wären sie französische Schildwachen, sieht wahrlich nicht weise aus. Doch scheint es mir beinahe, die Herren brauchen die fremde Kleidung ebenso wie ihre fremde Weisheit, um bemerkt zu werden; und das möchte ihnen wohl gelingen, ob eben mit Beifalle, weiß ich nicht.

Wenigstens ihre Gespräche bei ihrem kurzen Besuche haben mich nicht sehr erbauet. Die Menschen gehaben sich, als kämen sie aus einer andern Welt. Sonderlich der allerliebste gnädige Herr mit den fallenden weißen Haarbüschen läßt fast bei jedem Worte seine Verwunderung blicken, daß D. so ist, wie es ist. Es verdrießt mich nur um meinen Schwager. Er war sonst ein so natürlicher, guter Mensch, der andern gern Freude machte, und jetzt ist er so voll Dünkel! Irre ich mich? Haben mich der Schwedenkopf und das dicke Halstuch gegen seine guten Eigenschaften gleichgültig gemacht? Adelheid, das wäre albern, wenn du so urteilen könntest!

Und doch wollte ich lieber ein paar Tage lang albern gewesen sein und mich in Gustav geirrt haben.

3.

Nun habe ich unsere beiden Ankömmlinge auch in Gesellschaft gesehen. Noch kann ich mein Urteil nicht ändern, liebe Julie! Wahrlich, sie sehen noch aus wie gelehrte Wundertiere. Du kennst den angenehmen Zirkel der Teegesellschaften im K.schen Hause. Man findet da eine Versammlung von kultivierten Menschen beiderlei Geschlechts aus allen Ständen. Man kommt, man geht, wenn man will, man geht auf und ab, man musizieret, die Jugend tanzt zuweilen eine Stunde lang, man lieset auch wohl und setzt sich in einen vertrauten Zirkel, um über das Gelesene zu schwatzen. Die Unterhaltung ist so interessant als mannigfaltig, unter Personen, die Weltkenntnis haben und denen weder Witz noch Empfindung fremd sind. Die beiden Ankömmlinge wurden von der Hausfrau und ihrer angenehmen Schwester mit der ungezwungenen Höflichkeit empfangen, welche einen Fremden so bald einheimisch in diesem Hause machen kann. Du glaubst nicht, wie links sich die beiden Herren in Rocksäcken und Schifferhosen zu allem anstellten, besonders der Flachskopf, der sich, wie ich merke, für besonders wichtig hält. Verschiedene Herren und Damen suchten die Konversation auf verschiedene Weise anzuknüpfen, aber sie fiel immer wieder nieder. Gedanken zu wechseln muß wohl nicht können gelernt werden, wo sie ihre Weisheit geholt haben. Sie wurden bald stumm und ließen nur zuweilen ein bedeutendes Lächeln spüren, wenn jemand etwas sagte, was ihnen nicht gefiel. Endlich kam es, ich weiß nicht, wie, daß die Herren selbst zu reden anfingen, um die

Gesellschaft zu belehren. Da entwickelte sich die Schulweisheit; die Seltsamkeiten und schneidenden Urteile kamen Schlag auf Schlag. Der Herr von X. sprach am meisten, mein Schwager half ihm nur zuweilen ein. Sein Sermon ging darauf hinaus, daß nichts in der Welt so wäre, wie es sein sollte, daß er alles besser wüßte, daß er die verständigsten Leute übersähe, daß niemand wahre Weisheit so kennte und einen solchen Sinn für hohe Geistesschönheit hätte wie er und daß er das arme Deutschland bedauerte, welches das nicht werden will, wozu es sein tiefes Nachdenken machen könnte und wollte. Und das sagte er alles mit einer Zuversicht, als wäre er allein da.

Kein Mädchen, das noch in den *Zehnen* ist, Die[3] sieht die Welt so weit um sich liegen, ist so sehr über alles weg als ein solches deutsches gelehrtes Fohlen in den Zwanzigern. Ich habe doch auch junge Franzosen und Engländer gesehen, die eben von der Universität kamen; aber sie waren nicht so weise und so hölzern zugleich wie dies junge deutsche Volk, wenn es in Gesellschaft rechtlicher Leute litt. Es scheint wohl, es müssen in Deutschland einige Weisheitslehrer ihren Zöglingen den Menschenverstand verschneiden, wie wir unsern Möpschen die Ohren. – Ich habe schon manchmal gefragt, warum man den Möpsen die Ohren verschneidet. Man wußte nichts zu antworten als: damit sie wie Möpse aussähen!

4.

Mein Schwager hat sich nun ein paarmal mit mir allein unterhalten; ohne seiner gelehrten Freund. Da kam er mit viel leidlicher vor in Betragen und Konversation. Seine vorigen guten Eigenschaften haben sich nicht verloren, sondern in den sechs Jahren noch mehr entwickelt. Er weiss viel, das sehe ich wohl, denn er lässt es merken; nur weiß er freilich noch nicht, wie er sein Wissen anwenden soll. Wenn er das lernen könnte!

Er besitzt viel Scharfsinn, hat eine lebhafte Imagination und feines Gefühl für schöne Literatur und auch für das Wohl anderer Menschen. Wer dafür noch Sinn hat, an dem ist nicht alle Hoffnung

---

[3] Engländer nennen ein munteres Mädchen vom zehnten bis neunzehnten Jahre Miss in her teens.

verloren. Gustavs gute Eigenschaften sind nur durch seine Schul-weisheit in Schatten gesetzt. Durch nichts als dadurch kann er in den entscheidenden Ton geraten sein und in den Dünkel, als wisse er im voraus schon alles ganz sicher.

Weil nun die jungen Leute glauben, alles besser zu wissen als an-dere Leute, so verachten sie alles neben sich, ehe sie es kennenler-nen, und werdet dadurch in Gesellschaft unerträglich. Sie nehmen Extravaganz und Exzentrizität für Größe; die zeigt sich besonders an dem lieben Herrn von X Jene zu erlangen ward ihm freilich leich-ter als dies Er gibt sich das Ansehen, als wäre er ein außerordentli-cher Mensch, den die Welt nicht mit gemeinen Augen ansehn und der auch nach nicht gemeinen Regeln müsse beurteilt werden; und diese Regeln macht er selbst. Bei solchen gelehrten Herren ist aber der Sinn für ihre hohe Weisheit und ihr Sinn für das überschwengli-che Schöne schwerlich etwas anders als barer, klarer Egoismus. Sie betrachten sich im Spiegel ihres eigenen Dünkels und sagen zu sich selbst: Wie weise, wie hochgelehrt, wie schön bist du! Auch Gustav stimmt ziemlich in diesen Ton, welcher wohl auf der hohen Schule, woher sie kommen, der Modeton sein mag. Aber sein Charakter ist nicht geschminkt, und er ist nicht ein determinierter Egoist wie X. Daher habe ich von ihm gute Hoffnung; laß ihn nur erst den Wert des Gedankenwechsels recht begreifen Er ist nicht unfähig, wie ich merke, anderer Gedanken aufzunehmen, aber er weiß noch nicht, wie, und mag noch nicht. Das junge gelehrte Volk kennt nur solche Menschen, die so sind wie sie selbst, und sieht nur sich selbst, wenn es auch andere Menschen sieht. Der Umgang ist vergeblich für sie; denn sie stehen in der besten Gesellschaft ganz allein und lernen also nichts darin, wenn sie auch noch so lehrreich wäre.

Gustav geht mich so nahe an, daß ich ihm gern zu verstehen ge-ben möchte, wo es seiner Weisheit fehlt, die er immer vor sich trägt wie eine Fackel, gerade als schiene die Sonne nicht. Aber da weiß ich nicht, wie es ihm auf eine gute Art deutlich zu machen wäre. Unsere deutsche Sprache ist so reich an eigenen Wörtern, wenn sie philosophische Spitzfindigkeiten abzirkeln soll. Woher ich das weiß? Meinst Du, es sei was Geringes, einen Philosophen in der Familie zu haben? Gustav ist dreimal ein paar Stunden bei mir ge-wesen. Das waren ebensoviel Lehrstunden. Da habe ich eine Menge neue Wörter begriffen, von einer Weisheit, deren Verdienst zum

Teile in neuen Wörtern besteht. Denn wenn ich etwas nicht recht fasse, so bringt Gustav ein neues recht krauses Wort hervor, sieht mir mit seinen großen schwarzen Augen recht ins Antlitz und legt den Finger an die Stirn; und dann sieht er so weise aus, daß sein ganzes hübsches Gesicht dadurch entstellt wird. Nun wollte ich ihm gern höflich zu verstehen geben, daß man sich dumm behaben und ausdrücken kann, ohne dumm zu sein oder etwas Dummes zu sagen. Aber da ist unsere deutsche Sprache zu arm, um die Nuancen der Sitten und des Umganges und der Konversation zu verstehn zu geben. Doch er gab mir selbst Gelegenheit, es zu sagen; denn er belehrte mich, daß die Menschheit *perfectible* wäre, wie er's nannte; und daß man daher sogar die Menschen zwingen dürfte, in die bürgerliche Gesellschaft zu treten, weil sie nur darin sich entwickeln könnten. Ich sagte ihm lächelnd: die Entwickelung der Geisteskräfte und guten Eigenschaften ginge viel langsamer vonstatten, wenn jemand *avantageux* würde. Stelle Dir vor, der Mensch verstand nicht, was ich mit *avantageux* sagen wollte, und hat doch große Bücher aus dem Französischen übersetzt, und ich hatte doch sein *perfectible* verstanden. Ich wußte nicht, wie ich mich erklären sollte; denn ich wollte doch nicht unhöflich werden. Die Franzosen wissen mit diesem einzigen Worte einen beschwerlichen eingebildeten Toren so fein zu bezeichnen. Aber »eingebildeter Tor« ist wenigstens in Worten zu stark, wenn auch nicht in der Sache; und ebenso ist's mit »ruhmredig« und »sich wichtigmachend«. Und doch muß man alles das von unsern unausgekrochenen gelehrten Püppchen denken, die sich in ihrer Larvenhaut krümmen und weder ihre Augen noch ihre Flügel schon brauchen können. Sie nehmen sich viel heraus und wissen nur zu nehmen, nicht zu geben, wenn sie uns ihre Weisheit ausspenden wollen.

Am Ende mußte ich mich doch erklären, so gelinde als möglich. Er ward rot und meinte: beschwerlich wollte er nicht werden. »Verzeihen Sie«, sagte ich ganz offenherzig, »das Beschwerliche ist so schlimm noch nicht. Dies bezieht sich nur auf andere; aber das Anmaßende ist schlimmer. Es kommt aus allzuviel Einbildung und diese wieder aus Mangel der Selbstkenntnis und wird Sie und Ihren langhaarigen Freund hindern, Ihre guten Eigenschaften zu entwickeln und neue zu erwerben. Die Welt ist so groß, und die Menschheit ist so *perfectible*; Sie haben es ja selbst gesagt; um so mehr muß es jedes kleine einzelne Ich sein. Es ist sehr leicht auszusprechen, wie Welt und Menschen sein sollen. Das kostet mehr nichts als irgendeinen allgemeinen Satz; der ist bald auswendig gelernt. Aber der Wortweise, der mit dem allgemeinen Satze, den er sich eingeprägt hat, glaubt, alles ausrichten zu können, vergißt oft nachzudenken, wie er selbst unter Menschen sein sollte; denn die menschliche Gesellschaft kann nicht gerade auf ebendem Flecke stehen, wohin sie das kleine Ich irgendeines Schulweisen setzen will.«

Es ward noch mehr darüber gesprochen, und vielleicht nicht ganz ohne Nutzen. Könnte Gustav nur ein halbes Jahr lang sich den festsetzenden, absprechenden Ton abgewöhnen; könnte er nur erst den Sinn anderer fassen und Gedanken wechseln: so würde er ein ganz anderer Mensch werden. Gute Konversation ist wie ein Konzert, wo jede Stimme die andere unterstützt zur gemeinsamen Wirkung; die belehrende Schulweisheit aber ist wie ein Hifthorn, das allein tönet, etwa, um ein Signal zu geben, daß der Raub in der Falle ist; denn jeden durch Argumente herunterzudisputieren, ist bei der Schulweisheit die Hauptsache. Meinst Du nicht, daß man die schulgelehrten Doktoren in ihre Schulen einschließen sollte, damit sie Argumente für uns machten, so wie man die Mönche in den Klöstern füttert, damit sie für uns beten? Wenn aber die Doktoren aus der Schule und die Mönche aus dem Kloster gehen wollen, um das menschliche Leben nach ihrem Sinne zu formen, machen sie sich lächerlich, wenn's nicht gelingt. Wir brauchen im menschlichen Leben Weltkenntnis und Menschenverstand und gesunde Vernunft und Fleiß und Geduld und Ausdauer und Wohlwollen und sittliche Neigungen; ohne dieses alles helfen uns die Schulargumente so wenig als das Gebet.

Gustav interessiert mich, sonst würde ich nicht so viel an Schulweisheit denken. Er erinnert mich an einen Mann, der mir so nahe war, der mir anfänglich so manche Träne kostete und zuletzt für mich so vielen Wert hatte. Gustav zeigte von seiner Jugend an so viel Gutherzigkeit und feinen Sinn, so viel Aufrichtigkeit und Festigkeit im Charakter, daß ich gewiß glaube, er wird noch vom Dünkel seiner Schulweisheit zurückkommen und wird sich selbst und andere kennenlernen. Weißt Du, was? Ich denke, er wird sich zu seiner Zeit noch wohl verlieben. Geschieht dieses, so wird er werden, was er werden kann.

5.

Sobald wird Gustavs Selbstkenntnis noch nicht kommen, wie ich neulich hoffte. Durch die Festigkeit seines Charakters wird schnelle Änderung gehindert. Auch die Liebe wird ihn wenig bessern.

Die beiden jungen Herren sind unzertrennlich. Sie wohnen zusammen, sie philosophieren zusammen. Ich habe schon oft gemerkt: wer sich unter den Männern recht derb unterscheidet, findet Nachfolger. Die beiden gelehrten Sonderlinge fangen an, Aufsehen zu machen, freilich nur unter solchen, welche selbst gern Sonderlinge sein möchten. Unsere Pflastertreter lassen sich schon die Haare stutzen oder lassen sie über die Schultern hängen, und das gelehrte Entscheiden ist seit einigen Monaten Ton geworden.

Auch unsere gelehrten Koketten merken auf die Ankömmlinge. Unter diesen steht obenan die Frau von C. Ich muß sie Dir beschreiben. Sie ist jung, schön, reich, lieset viel, tanzt wie ein Engel, hat auch Witz und viel Talente, aber doch hat sie noch mehr *Koketterie*.

Ich habe irgendwo gelesen, daß Koketterie durch Gefallsucht ist übersetzt worden. Das Wort ist mir lieber als das französische, auch darum, weil es so nahe an Fallsucht grenzt: denn wenn den Weibern, welche die Sucht haben, jedermann gefallen zu wollen, ihr Zweck bei einem nicht gelingt, geht die Erschütterung nahe bei Epilepsie her. Die ganze Seele der Frau von C. ist also voll *Gefallsucht*. Gefallen ist ihr Zweck, die Liebe ist ihr nur Mittel. Sie macht ihr Haus zu einem Sammelplatze feiner Gesellschaft, damit sie darin glänzen kann. Sie hat immer die Anbeter zu halben Dutzenden um sich, die sich vertragen mögen, so gut sie können. Sieht sie einen jungen Mann, der sich auf irgendeine Art auszeichnet, so ruht sie nicht eher, bis er an ihrem Triumphwagen zieht. Sie bietet alles auf, um ihn sich eigen zu machen: Schönheit, Talente, unschuldige Gefälligkeiten; und so führt sie den unerfahrnen Jüngling bis dahin, daß er sterblich verliebt wird und ohne sie nicht leben kann. Sie aber bleibt kalt; oder wird sie ja von einer Empfindung hingerissen, so ist's nie Herzensliebe, sondern eine, die eine hübsche Frau ablegen kann wie einen Rock, der ihr nicht mehr gefällt. Ihre Liebesbezeugungen bestehen in Phrasen. Sie ist immer in der großen Liebe, in der großen Empfindung, in der großen Entzückung. Das trifft auf die Jünglinge, welche noch nicht wissen, daß die größten Bewegungen des menschlichen Herzens tief liegen und geringscheinende äußerliche Zeichen haben, nur den Mitempfindenden merkbar. Die guten Jungen glauben, innig geliebt zu sein. Von Liebe ist aber gar nicht die Rede, sondern von Eitelkeit; denn Frau von C. liebt nur sich. Was sie Liebe nennt, besteht nur in einem Wechsel von zärtlichen Worten, von feinen Schmeicheleien.

In diese Frau hat sich Gustav nun vergafft. Er ist fast täglich bei ihr; er hängt an ihren Blicken, wenn er mit ihr in Gesellschaft ist. Sie hingegen unterscheidet ihn von allen ihren Anbetern, sogar von dem langhaarigen Herrn von X. Darüber mache ich ihrer Unterscheidungskraft ein Kompliment, aber auch der Frauenkenntnis des Herrn von X. Er ward gefangen wie die andern– aber es scheint, er übersah das Ding und trat schnell ab. Das mag sie insgeheim gedemütigt haben, denn auch ein unbedeutender Liebhaber ist ihr nicht zu missen, noch weniger, wenn er einiges Aufsehen in der Stadt macht.

Ob mir's lieb ist, daß Gustav in das Netz dieser schönen Jünglingsfängerin geht? Alles wohl überlegt: ja. Wechselt er auch nur witzige Schmeicheleien, so ist's doch ein Anfang vom Gedankenwechsel. Er muß doch aus seinem Ich herausgehen, worin er so fest steckt. Will er gefallen, so muß er von seiner unweisen Weisheit nachlassen. Meinst Du nicht? Es ist ein stolzes Geschlecht, das Männergeschlecht! Das fühlt sich so erhaben, so weise, so übermächtig, so sich selbst genug. Wir Weiber haben unser ganzes gutes Herz nötig, um die Männer so zu lenken, daß sie erträglich werden. Aber wenn vollends das Männerwesen in solche Kreaturen kommt, die noch nicht Männer sind, so werden sie verzweifelte Mißgeschöpfe, herrisch, ohne Herren zu sein, weise ohne Weisheit; und das bißchen, was sie davon haben, sitzt ihnen wie unsern beiden Jünglingen der Haarschnitt: es ist immer etwas zu kurz oder zu lang daran. Die Frau von C. soll unsern Gustav schon zu Paaren treiben. Seine Zeit wird kommen. Sie findet bald wieder einen neuen Liebhaber, der herangezogen werden muß, und mein guter Gustav wird sich wundern, unter den großen Haufen verstoßen zu sein, und wird mit offenen Augen nicht wissen, was er sieht. Oder fast hoffe ich noch etwas Besseres. Die Wahrheit seines eigenen Charakters wird machen, daß er das Geschminkte des ihrigen einsieht, und das wird für ihn ein wichtiges Notabene sein. Aber wenn es ihn nicht zur Selbstkenntnis führte? Wenn er nicht endlich merkte, daß alles seiner eigenen Unkunde zuzuschreiben war? Wenn er auch zuletzt noch glaubte, er wäre ein verständiger Mensch, weil er immer so viel von Verstand und Vernunft spricht? Das wäre schlimm für ihn. Wir wollen das Beste hoffen.

6.

Ich glaube fast, die Frau von C. verdirbt unsern Gustav noch mehr. Sie hört sehr geduldig seine Philosophie an und besonders seine hohe Ästhetik – so nennt er das Ding, womit er über den Wert der Maler und Dichter entscheidet und uns belehrt, was uns ausschließlich gefallen soll und sonst nichts – bei Strafe, ihm zu mißfallen. Er ist nämlich sehr emsig dabei zu beweisen: das, was uns immer gefallen hat und noch gefällt, solle uns nicht gefallen, und was uns nicht gefällt (nämlich neue, recht krause Gedichte, die er von seiner hohen Schule mitgebracht hat und die nun so so sind), das solle uns gefallen. Mich erinnert das an Thomas Diaforius (auch so ein Schulgelehrter), der sagte: »Die Leber war sonst rechts und das Herz links, aber wir haben das geändert.« Mit solchen Änderungen haben sie an Universitäten immer ihr Wesen getrieben.

Das Weibchen hat bei ihrer Schmeichelei doppelte Absicht, das merkt man wohl. Denn sie erfährt ganz bequem, womit man auf neue, gelehrte Art jetzt glänzen kann, und macht sich durch ihre Gefälligkeit den armen Gustav ganz zu eigen. Er betet sie an wie eine Göttin in leiblicher Gestalt. Du glaubst auch nicht, wie schön dem niedlichen Gesichtchen die hohe Philosophie steht, worin sie sich wirft. Sie spricht vom Wissen, Meinen und Dafürhalten und vom Sollen und Dürfen und von Achtung fürs Gesetz, als wären's kleine Pastetchen.

Ich war neulich in der Konversation bei der Frau von Q. Die ganze Welt war da, auch der Herr von X. in langen Haaren und langen Hosen, und Gustav führte die Frau v. C., das versteht sich. Wahrhaftig, das Gesichtchen ist niedlich! Sie hatte einen Kaftan an und darunter einen blaßgelben Rock, einen Pouff à la Bertin und dazu einen hohen Esprit.[4] Dies zusammen sah mir aus wie Prätension zur Philosophie. Auch blickten alle auf das Weibchen. Kaum hatte man sich gesetzt, so wußten sich die beiden Herren bald der Rede zu bemächtigen, und alles war lauter Ohr; denn was konnte man anders als hören, wo so geläufig gesprochen wurde! Da kam recht vieles vor vom Schönen und von Dichtern und von der Griechheit und daß unsere Dichter griechisch sein sollten und daß kaum ein paar recht griechisch wären, und die andern alle wären soviel als nichts. Das war preislich anzuhören. Die kleine C. sprach wenig dazu. Es mochte ihr leid tun, daß sie kein griechisches Kleid angezogen hatte. Darauf kamen die Herren immer höher und bis zur Philosophie. Da ging's denn auf die reine Moral und wie es mit der Pflicht beschaffen wäre. Da fächerte sich Frau von C. und sprach fleißig mit, so gründlich, daß ich oft kein Wort verstand; aber hübsch war es. Es wollten einige etwas einwenden, und es war die Rede davon, daß edle Herzen durch moralische Gesinnungen beglückt würden. Da fuhren alle drei auf: dies wäre nichts, und kein Mensch verstände den Sinn der Moral als sie drei. Es tat mir recht weh, daß Gustav immer die Achsel zuckte und die ausgebreitete Hand aufhob, sobald jemand ein Wort dazwischensprach, als wäre etwas sehr Einfältiges gesagt worden; und was er vorbrachte, war doch nicht sehr gescheit: wenigstens deutlich war es nicht. Endlich ward mir's zu lang, und ich sah auch, daß einige gähnten; so wollte ich mein Wort dazugeben, um die Leutchen zu erinnern, daß sie nicht bloß allein unter sich reden möchten, andern zur Langenweile. Ich sagte also, ich hielte für die erste Pflicht in der Gesellschaft, darauf zu achten, wie andern zumute wäre, und Freude um sich zu verbreiten, damit man sich an der Zufriedenheit anderer ergötzen könnte, und das schiene mir die beste gesellschaftliche Moral zu sein. Ich dachte wunder, wie ich das zur rechten Stunde gesagt hatte; aber ein böser Geist mußte mir es eingegeben haben. Denn alle drei redeten auf mich ein, um mich zu widerlegen, und der Herr von X., der die vernehmlichste Stimme hat, pflanzte sich gerade vor mir hin und sagte mit einem so tiefen Bücklinge, daß ihm seine Haare über den Mund hingen:

---

[4] Ein Kaftan ist ein offenes Kleid, ein Pouff eine Art von Busenkragen, Esprit eine Kopffeder von Reiher- oder andern feinen Federn.

»Ich bitte sehr um Vergebung! Dergleichen Handlung, so pflichtmäßig, so liebenswürdig sie auch ist, hat dennoch keinen wahren sittlichen Wert. Sie ist nicht mehr wert als z.B. die Neigung nach Ehre. Diese, wenn sie glücklicherweise gemeinnützig und pflichtmäßig, mithin ehrenwert ist, verdient Lob und Aufmunterung, aber nicht Hochschätzung.«

Du merkst, er sprach wie ein Buch.[5] Es wäre besser gewesen, ich hätte ihn nicht gereizt. Indes faßte ich Mut, da ich mich einmal eingelassen hatte, und sagte:

»Diese Philosophie ist mir zu hoch. Kann etwas Lob und Aufmunterung verdienen, was nicht verdient, hochgeschätzt zu werden? Kann etwas gemeinnützig und pflichtmäßig und ehrenwert sein und nicht einmal Hochschätzung verdienen? Kann etwas pflichtmäßig sein, ohne wahren sittlichen Wert? Ich danke Gott, wenn ich zeitlebens pflichtmäßig handele, sonderlich wenn noch dazu andern Freude dadurch erweckt wird.«

»Das ist nicht genug«, rief Herr von X. aus und setzte den Finger auf die Nasenspitze; und nun bewies er mir ich weiß nicht was. Frau von C. spiegelte sich in ihrem Zahnstocherbüchschen, Gustav wischte sich den Schweiß von der Stirn; ich, um der Sache ein Ende zu machen, sagte:

»Daran habe ich nicht gedacht; Sie haben recht.« Damit schien die ganze Gesellschaft wohl zufrieden, denn alles stand auf, und die gelehrte Unterhaltung war zu Ende.

Es ist doch erstaunlich, daß Leute, die weise sein wollen, immer nur an sich selbst denken; darüber werden sie einseitig und rechthaberisch! Sie stehen immer im Unverhältnisse mit allen andern Sterblichen, einsam in allen Gesellschaften, ausgenommen, wo sie die Gesellschaft ausmachen. Da ist sodann des Perorierens kein Ende; denn konversieren können sie nicht, höchstens disputieren. Wehe allen Zuhörern, wenn das einmal losbricht! Und worüber disputiert das Völkchen? Über ihre spekulative Philosophie!– sprich

---

[5] Der Herr von X. muß wirklich ein so gutes Gedächtnis haben, daß er Lob und Aufmunterung verdient hätte; denn es findet sich, daß er die Stelle aus des berühmten Kants »Methaphysik der Sitten« wörtlich behalten und hergesaget hat. Sie steht daselbst S. 10.

das Wort recht langsam aus und sonor! Ein großes Wort, als spräche man ein Todesurteil, wogegen nichts gilt. Es ist auch mit der Spekulation wie mit dem Tode: unendlich viel Wege gehen dahin. Zum Leben führt nur ein Weg und zur echten Lebensweisheit nur gesunde Vernunft und Erfahrung, zwei Wege, die sich vereinigen. Freude, Schmerzen und wieder Freude bringt uns ins Leben; durch Dulden, Entsagen, Frohsinn, Wohlwollen und Genuß führt uns die gesunde Vernunft an einem seidenen Faden auf dem Lebenswege. Die Spekulation will uns das Warum des Darums lehren und zeigt uns immer ein neues Warum unseres Darums, das nicht das rechte Darum ist; aber mit alledem wird unser Geist weder weise noch lebendig. Ich prüfe einen Menschen, der sich seiner Weisheit rühmt, ob er für seine Nebenmenschen etwas empfindet, oder vielmehr, ob er etwas für sie tut. Ist dies nicht, so besteht seine Weisheit bloß aus schönen, dunkeln Worten, und wenn sie auch noch so zierlich zusammengeschnürt wäre. Denn das Systemwesen unserer deutschen Jünglinge, womit sie sich so überweise dünken, kommt mir vor wie die Schnüre, die wir um unsere Kartons legen, daß sie nicht aufgehen sollen. Ob etwas und was im Karton ist, kümmert die deutschen Schnürer nicht; sie sind selig, wenn sie nur recht fest zusammenzuschnüren wissen.

Das habe ich gemerkt, als mich Gustav den Tag nach der Konversation besuchte und ich ihm halb im Scherze etwas darüber sagte, daß Meinungen Meinungen wären und daß ein junger Mensch nicht sollte belehren wollen, sonderlich in vermischter Gesellschaft. Da erfuhr ich, daß er nichts meinte, sondern daß er alles wisse, und allerhand schöne Sachen mehr. Zwei Glockenstunden lang hörte ich zu, und er sagte das alles so wohlzufrieden mit sich selbst, so unbefangen und sicher, daß ich schloß, Schwager Gustav könnte wohl ein tüchtiger Tor werden, wenn er bei dieser Weisheit bleibt. Aber abgesehen davon, liebe ich den Jungen; denn er ist bei all seinem Starrsinne so gut, so herzlich, so natürlich. Er ist dabei so ganz in sich vertieft, ist mit seinem Wissen so ganz vollkommen zufrieden, glaubt so naiv, daß er und die so denken wie er ganz allein klug sind! Wenn er's mir einmal wieder so bunt macht, wird mir die Geduld vergehen, und dann werfe ich ihm die Wahrheit ganz trocken ins Gesicht.– Weißt Du wohl, daß ich auch böse werden kann?

7.

Frau von C. hat seit einem Monate in ihrem Hause jeden Freitag einen wöchentlichen Witzmarkt angesetzt, wo Schöngeisterei verhandelt und eingetauscht wird. Gustav ist mir immer noch gut, und so hat er mich bei der Frau von C. am vorigen Freitage eingeführt; denn er möchte mich gern eingeweiht sehen in die geheiligten Gebräuche der Göttin Eitelkeit. Wer da war? Zählt man im Augustmonate die Fliegen, die um eine Mustorte schwärmen?

Die Frauen waren der unbedeutendere Teil der Gesellschaft. Die kleine Hexe, die C., kennt sich nicht genug. Sie will bei sich nur weibliche Gesichter haben, welche an Schönheit und an Witz weit unter ihr stehen. Mag sein! Aber sie hätte noch viel bessere Weiber zu Mitgliedern ihres *bureaud'esprit* machen können als die Originale, die sie zu Schatten gewählt hat, um im höhern Lichte zu erscheinen. Sie hat ja nun sogar Deine ergebenste Dienerin gebeten, ohne daß sie verloren hat. Ich tue ihr keinen Eintrag, weder durch Schönheit noch durch Witz. Ich bin nur glatt, nicht glänzend.

Um ein paar der merkwürdigsten zu nennen, so daß obenan die Frau N., von etwas mehr als Weibergröße, mit ihrem braunen, knochenreichen Gesichte und einer langen Nase. Sie blickt mit ihren schwarzen Augen männlich herum, und die Stimme ist tief und etwas rauh; sonst aber ist die Frau so süß, so zart, so eingenommen von den Empfindungen des Herzens, daß sie alle Elegien aus den »Horen« auswendig gelernt hat. Als am letzten Freitage bei der Frau von C. der zweite Band von »Wilhelm Meister« vorgelesen ward, hatte sie die Rolle der Mignon. Die Frau A., ein munteres, sehr hageres Blondinchen, ist eine Gönnerin des Erhabenen und Schrecklichen; die Rolle der Amalia in den »Räubern« soll sie, wie alle versicherten, trefflich vorlesen, nur lispelt sie ein wenig. Die Frau G. ist ein junges Ding, erst kürzlich verheiratet an einen Schöngeist, dessen Verse in dem engen Zirkel der Auserwählten viel Aufsehen machen, noch mehr aber seine Theorie über die Verse anderer, denn die ist höchst erhaben. Schade, daß er nicht zugegen war, ich hätte solch ein Wesen nebenher wohl mögen kennenlernen. Seine junge Frau würde schön sein, wenn sie klug genug wäre, sich allein auf ihre Schönheit zu verlassen. Da hatte sie aber wer weiß alles auf sich geladen, hatte sich so verputzt, daß sie Mittel gefunden hatte, häßlich auszusehn. Das ist doch gar zuviel Gefälligkeit gegen die C.! Ebenso ist auch der Geist der Frau G. Sie hat Verstand und Empfindung, sehr viel Sanftes und Einnehmendes; aber alles ist so manieriert, daß darunter Verstand und Empfindung verlorengeht wie ihre Schönheit unter ihrem Putze. Die Mademoiselle Z. ist prüde und zärtlich, hat ein langes Gesicht mit rundlichem Kinne, das etwas vorsteht, flache geschlitzte Augen, ist kränklich und liebt alles, was edel und holdselig ist. Vor vierzehn Tagen hatte sie den Auftrag, im dritten Teile des »Meisters« die »Bekenntnisse einer schönen Seele« vorzulesen; denn sie lesen hier den »Wilhelm Meister« rückwärts, wo er viel größere Wirkung tun soll; künftigen Freitag kommen sie an den ersten Teil.

Dies wären denn die Merkwürdigsten von unserm Geschlechte, die andern magst Du Dir vorstellen. Mit den Männern war's viel besser bestellt. Da sah man alle Liebhaber der Frau von C., viel blühende Jugend, charmante Blonde und bärtige Gelehrte. Sie sahen sehr verschieden aus, aber die Selbstzufriedenheit saß in jedem Antlitze wie ein allgemeiner Zug in einem Familiengemälde.

Vor allem zeigte sich Herr R., ein Geistlicher und schöner Geist, kurz, rund, wohlbeleibt und schnellfüßig, immer auf vier Nadeln gezogen, im schwarzen seidenen Klappenrock mit Gilet, mit krausem Jabot, einen hohen Hut unterm Arme, schwarze seidene Strümpfe und spitze Schuhe mit runden silbernen Schnallen. Und dann die Haare! So frisiert, als wären sie eine Perücke! Wie soll ich Dir das beschreiben! Ein hohes Toupet, jedes Haar ganz gleich und fein und sorgfältig gepudert; und die Locken fallen herab über die Schultern, eine nach der andern und eine über der andern. Hast Du Kosegartens »Ritogar« gelesen? Wie da die Hexameter, so liegen hier die Locken, fallend und doch steif. Mit dieser Frisur, mit den spitzen Schuhen und mit der Schöngeisterei ist Herr R. ein tiefsinniger Philosoph, weiß überhaupt sehr viel, besonders weiß er, daß er viel weiß, und hört selten auf zu reden. Wenn er so predigt, wie er spricht, muß er viel Worte machen können, ehe die Sanduhr abläuft. Er saß dicht neben der Frau von C. als einer ihrer ältesten Anbeter; und wollte sie ihn auch abschaffen, so schafft er sich doch nicht ab: denn bei ihr gibt's immer etwas, um seine Zunge geläufig zu erhalten.

An der andern Seite saß ein Dichter und Kunstkenner, ein hagerer, blasser, abgehärmter Jüngling, der sprach desto weniger. Er hing nur immer an den schönen Augen seiner Nachbarin, und da hatte er auch sehr recht. Denn er ist ein enthusiastischer Liebhaber des Schönen und ist tief vertieft in die Schönheiten Raffaels. Nun hat der arme Mensch aber vom Raffael nichts gesehen als Kupferstiche und schlechte Kopien, und die schöne C. sieht er täglich von Antlitz zu Antlitz. Wie muß das in der magern Seele wirken! Seine Gedichte sollen voll Feuer sein. Ich sah vor ein paar Tagen eins, das kam mir gemein vor. Aber gestern sagte mir Herr O., es sei voll hoher shakespearischer Phantasie. Meinethalben! Dieser Herr O. ist ein winzig kleines Männchen mit runden, steifgepuderten Haaren, ein Schöngeist und ein Philosoph für die Welt nach neuester Art. Weltkenntnis hat er eben nicht viel; aber er soll viel Tiefsinn in seiner Empfindung und in seiner Ideenphilosophie hohe Dichtung haben. Er studiert fleißig, schien auch sehr aufmerksam auf alles zu sein, und sobald unsere gnädige Frau etwas Artiges sagte, sprang er auf, um ihr die Hand zu küssen. Das lag bei seiner Statur gerade in seinem Bereich.

Unzählige andere waren da, worüber kein Wort weiter. Was aber den Tag hauptsächlich glänzend machte und worauf jeder seine Aufmerksamkeit richtete, war ein Fremder, ein Professor von einer benachbarten Universität, den der Ruf dieser Gesellschaft herbeigezogen hatte. Sie nannten ihn den Doktor Pandolfo und bezeugten ihm sehr große Ehrfurcht; auch war er ein außerordentlich außerordentlicher Mann. Den soll ich Dir also beschreiben, nicht wahr? Liebes Kind, das ist so leicht nicht. Du mußt ihn aus seinen Taten kennenlernen, das heißt aus seinen Worten; denn nur Worte sind die Handlungen solcher gelehrter Philosophen. Seine Worte also soll ich Dir sagen? Aber das ist lang und ist neu und ist drückend, und ich bin müde. Also bezähme Deine Neugierde, wofern Du neugierig bist, bis nächstens, und schlaf heute wohl!

8.

Doktor Pandolfo also, bei dem ich neulich stehenblieb, ist nicht groß, nicht klein, nicht blond, nicht braun, nicht mager, nicht fett, sprach nicht geschwind, nicht langsam, nicht stark, nicht sachte, nicht hoch, nicht tief, setzte die Füße nicht auswärts, nicht einwärts, war nicht kleidsam gekleidet, nicht unkleidsam. Wie war er denn?. Wisse, liebes Kind, bei einem Professor wie Doktor Pandolfo ist gar nichts äußerlich, alles sitzt inwendig im innern Ich. Es ist noch guter Wille, daß ein solcher Pandolfo eine Gestalt annimmt, daß wir ihn sehen können; denn eigentlich ist an ihm alles unsichtbar, der Geist sieht's nur, und sein Geist sieht sich selbst. Er war auch bei uns da und war nicht da. Er sagte von sich selbst:

»Wer einen höhern Gesichtspunkt für sich gefunden hat als sein äußeres Dasein, kann auf einzelne Momente die Welt aus sich entfernen.« Nebenher fällt mir ein, daß er einen roten Rock anhatte und eine schwarze Weste, rot gestickt, und einen kleinen runden Haarbeutel nahe am Kopfe, sehr fest, dabei war der Oberleib kürzer als die Beine und die Waden etwas schief, doch das sind Nebensachen; ich hätte es gar nicht bemerken sollen.

Alle unsere Herren waren sehr mit sich zufrieden; das habe ich Dir, denke ich, neulich schon geschrieben. Aber wie süß die Selbstgenügsamkeit auf der Stirn und im Blicke des Doktor Pandolfo saß, wie sehr er selbst fühlte, daß er ein seltener und über uns alle erhabener Mensch sei, das hättest Du sehen müssen.

Was er sagte?

Alles und nichts; nur so viel war zu merken, daß er alles besser wußte, und zwar auf eine Art, wovon sonst niemand einen Begriff hatte als er; wie er aber dazu käme, sagte er nicht. Man hörte ihn eine Weile lang mit sehr wichtiger Miene eine Menge Worte vorbringen, wo man sich oft hätte wundern mögen, wie sie zusammenstehen könnten; dann schien es zuweilen, als käme ein heller Gedanke, aber es war wie ein Wetterleuchten, urplötzlich versank alles wieder in Dunkel. Sein Diskurs war mit einer Menge ungewöhnlicher Ausdrücke durchwebt, und die meisten brauchte er in ganz fremder Bedeutung, welche ihm wohl allein bekannt sein mochte, und er nickte sich selbst Beifall zu. Alle seine Rede war, als käme sie aus einer höhern Sphäre, nur in abgebrochenen Sentenzen. Zu antworten war ihm eben nicht; denn er ließ bald merken, daß nur wenige ihn verstehen könnten. Freilich, sein Reden war nicht zum Verstehen eingerichtet!

Doch sprach er von allem, was auf der Erde und über der Erde ist, und streifte sogar bis an die Theologie. Er sagte z.B. mit dem Tone großer Wichtigkeit:

»Da alle Sachen, die recht eins sind, zugleich drei zu sein pflegen, so läßt sich nicht einsehen, warum es mit Gott gerade anders sein sollte. Gott ist aber nicht ein bloßer Gedanke, sondern zugleich auch eine Sache, wie alle Gedanken, die nicht bloße Einbildungen sind.« Und bald darauf setzte er mit noch kräftigerm Tone hinzu: »Jeder gute Mensch wird immer mehr und mehr Gott. Gott werden, Mensch sein, sich bilden sind Ausdrücke, die einerlei bedeuten.« Das schien allen sehr seltsam. Der redselige Herr R. faßte es auf, da es an seine theologischen Grenzen streifte; und weil er wirklich scheint auf dem philosophischen Schauplatze hinter die Kulissen geguckt zu haben, legte er dem Doktor diese Sentenzen deutlich auseinander, dergestalt, daß man fast hätte meinen sollen, Pandolfo wisse nicht recht, was er wolle. Dieser fertigte aber den geistlichen Herrn bald ab, indem er mit unbeschreiblicher Würde sagte:

»Man soll nicht mit allen symphilosophieren wollen, sondern nur mit denen, die hochstehend sind.« Da hatte er wieder recht. Er und sein Wissen standen erstaunlich hoch, wie ein paar Mücken auf einem Kirchturme.

Der geistliche Herr ließ sich indes von diesem Ausspruche nicht abschrecken und antwortete etwas spitzig. Die Frau von C. legte sich zum Besten der Gesellschaft dazwischen und brachte den Diskurs wieder vom Himmel auf die Erde, auf Poesie und Künste. Unglücklicherweise nannte einer Klopstocken einen großen Dichter. Pandolfo rümpfte die Nase und versetzte in entscheidenem Tone:

»Klopstock ist ein grammatischer Poet und ein poetischer Grammatiker. Es gibt auch grammatische Mystiker. Moritz war einer.« Das schien doch zu arg, einen Riesen wie Klopstock und einen bucklichten Zwerg wie Moritz so nahe zusammenzusetzen, und es ward verschiedenes darüber gesprochen, besonders von dem kleinen Herrn O. Pandolfo aber zog die Augenbrauen und sagte mit verächtlichem Lächeln: nur einen Dichter unter allen Nationen in diesem Jahrhunderte könne man einen Riesen in der Dichtkunst nennen, das sei Goethe. »Goethes Werke«, sagte er mit höchst derber Stimme und sah mit funkelnden Augen seinem kleinen Gegner so ins Gesicht, daß dieser auf seinem Stuhle noch kleiner ward, »Goethens Werke sind überall scharf begrenzt, innerhalb der Grenzen aber grenzenlos und unerschöpflich; daher sind sie gebildet, denn sie sind sich selbst ganz treu, überall gleich und doch über sich selbst erhaben. Das Höchste und Letzte eines Werks ist wie bei der Erziehung eines jungen Engländers *le grand tour.* Es muß durch alle drei oder vier Weltteile der Menschheit gewandert sein, nicht um die Ecken seiner Individualität abzuschleifen, sondern um seinen Blick zu erweitern und seinem Geiste mehr Freiheit und innere Vielseitigkeit und dadurch mehr Selbständigkeit und Selbstgenügsamkeit zu geben.«

Darüber stand nun Herr R. wieder auf, der, wie nun bemerklich war, auch satirische Laune hat. Es ging auf *le grand tour,* auf die scharfbegrenzten grenzenlosen Grenzen und auf das Erhabensein über sich selbst. Es war hübsch anzuhören, wie Pandolfo seinen Galimathias durch Nonsense verteidigte. Andere Frauen und auch ich wollten etwas dareinreden, aber er nahm gleichfalls eine satirische Miene an und sagte: es gäbe Weiber, die von Goethe und einer Weinsuppe in gleichem Tone sprächen. Gehorsame Dienerin! Das ging allein auf mich; denn ich war da wohl die einzige, die eine Suppe kochen kann. Ich schwieg, aber nicht Pandolfo. Es kamen eine Menge baumstarker Worte zum Vorscheine, und wenn jemand fragte: wie das zu verstehen sei, so kam ein neues, noch vierschrötigeres Wort; und endlich, wie er immer mehr in die Enge geriet, tat er einen pathetischen Machtspruch:

»Dantes prophetisches Gedicht«, sagte er, »ist das einzige System der transzendentalen Poesie. Shakespeares Universalität ist wie der Mittelpunkt der romantischen Kunst. Goethes reinpoetische Poesie ist die vollständigste Poesie der Poesie. Das ist der große Dreiklang der modernen Poesie, der innerste und allerheiligste Kreis der Klassiker der neuen Dichtkunst.«

»Ach ja!« rief die Mademoiselle Z. minaudierend. »Ich habe vorgestern einen Brief von Goethe bekommen; ich gehöre auch zum innern Kreise!« Das ward denn sehr wohl aufgenommen von uns allen; denn wirklich, das Gehirn war uns so angespannt worden, daß wir froh waren, ein wenig lächeln zu können. Gustav kam nun der Sache näher. Shakespeare ist sein Held, und er verehrt Goethen aufs innigste; mit dem Dante mag er's nun wohl so sachte angehn lassen. Er stimmte ein in Shakespeares und Goethens Lob, nur hatte er viel wider den Dreiklang von drei so sehr verschiedenen Dichtern einzuwenden und erklärte die reinpoetische Poesie und die Poesie der Poesie und die Vollständigkeit der Poesie für nicht viel weniger als Unsinn. Der Doktor versetzte aber sehr vornehm: man könne sich mit Leuten nicht aufs klare setzen, die nicht *à la hauteur* wären. Den Shakespeare verstände die ganze engländische Nation nicht, die Italiener nicht den Dante, und was Goethe anbetreffe, so verstehe er ihn nur allein und sonst kein Deutscher; daher sei es kein Wunder, daß niemand Goethens Poesie der Poesie finden könne. Es stehe noch dahin, ob Goethe sich selbst so verstehe wie er ihn.

Über diese erstaunenswürdigen Dinge ward nun verschiedenes hin und her geredet, und endlich ließ jemand das Wort »arrogant« hören. Der Doktor warf den Mund auf.

»Hm!« sagte er, »arrogant ist, wer Sinn und Charakter zugleich hat und sich dann und wann merken läßt, daß diese Verbindung gut und nützlich sei. Wer beides auch von den Weibern fordert, ist ein Weiberfeind.«

6

»Wie verstehen Sie das?« war der Ausruf aller weiblichen Stimmen außer der meinigen. Du siehest wohl, das hölzerne Geschöpf wollte Ironie beweisen. Das fiel mir ins Lachen, und ich stand auf, als sich noch die Blondinen zu Ehren der Weiber mit dem arroganten Wehrwolf stritten, und fuhr nach Hause und lachte noch im

---

6 Doktor Pandolfo brachte nicht einmal seine eigenen Gedanken hervor. Es findet sich, daß alle mit » « bezeichneten Machtsprüche in der Zeitschrift der Herren Gebrüder Schlegel, »Athenäum«, im zweiten Stücke, S.100, 63, 73, 34, 31, 68, 99, in den sogenannten »Fragmenten«, wörtlich abgedruckt sind.
Diese »Fragmente« dienen übrigens noch dazu, ein Zeugnis abzulegen, daß dergleichen Wesen, wie Frau Adelheid beschreibt, in der deutschen Welt wirklich existieren, und zwar mit noch größerer Anmaßung der alles zermalmenden Poesie der Poesie und mit noch frischerm Kolorite der sich selbst einbildenden Einbildung, hochtrabend und dunkelhell, als hätten sich Kaspar Lohenstein und Jakob Böhme zusammen auf den Dreifuß der Priesterin zu Delphi gesetzt.

Wagen und lachte noch im Bette über die Menschen, die sich ihre gesunde Vernunft verstudieren und sich dann einbilden, sie wären wichtige Männer, weil sie sich herausnehmen, mit orakelhaften Geistreicheleien über alles nach Gefallen abzusprechen.

9.

Ich lachte noch beim Frühstücke über meinen Pandolfo; nach und nach aber, sowie ich die ganze Szene weiter überdachte und mir mein armer Schwager Gustav dabei in Sinn kam, fiel ich auch auf ihre ernsthafte Seite. Die Torheiten der *bureaux d'esprit* und der *bureaux de philosophie*, welche die kleinen Weiber und die kleinen Männer halten, die gern witzig und gelehrt sein möchten, kann man mit gutem Herzen belachen; denn sie sind unschädlich und zuletzt doch besser als Kartenspielen oder Neuigkeitsschnack. Aber wenn ein Mensch, der so urteilt wie Doktor Pandolfo, zum Lehrer der Jugend verordnet wird, müssen da die Folgen nicht sehr traurig werden? Wehe der Jugend, wenn sie die Orakelsprüche solcher Lehrer als Weisheit aufnimmt! Sie wird dann sehr bald ihren Dünkel für Wissenschaft, ihre seichtesten Einfälle für große Gedanken halten. Nun begreife ich, wie Gustavs Geist bei so herrlichen Anlagen und bei so vieler erlangter Gelehrsamkeit so schief geworden ist und woher ihm und anderen Jünglingen der gravitätische, entscheidende Ton kommt, der jungen Leuten am schlechtesten ansteht, der auch erwachsene Gelehrte zu lästigen Pedanten macht und die besten Charaktere verdirbt. Die Zöglinge bilden sich nach ihrem Lehrer und so manche Leser nach ihrem Autor. Denke Dir, wenn solche arroganten Pandolfi Schriftsteller werden, die sich anmaßen, über alles wegzusehen und über alles in geschraubten und in dunkeln Machtsprüchen zu entscheiden! Was müssen dann vernünftige Leute von der deutschen Literatur urteilen?

Das wunderliche Geschwätz über Goethe, das ich oft auch in Zeitungen finde, ist mir ärgerlich, eben weil Goethe ein so vorzüglicher Dichter ist, der nicht nötig hat, so plump angepriesen zu werden. Kaum hat er ein paar Hexameter oder irgendein Büchlein ausgehen lassen, so ist's, wie wenn der Kaiser von Monomotapa geniest hätte. Da niesen sodann, wie Helvetius erzählt, aus untertäniger Ehrfurcht die Hofleute und darauf die Hauptstadt und zuletzt das ganze Monomotapa. Bei Goethens Sklaven regiert ein beständiger Lobschnupfen. Sie nehmen die Miene an, als wäre Goethe allein da, und alle anderen Dichter und Schriftsteller aller Nationen (den guten Freund Schiller allenfalls ausgenommen) wären gar nicht der Mühe wert, auf sie zu achten. Die gemeinsten Dinge, die man von jedem guten Schriftsteller fordert und bei hundert guten Schriftstellern findet, z.B. wenn etwa zwei Charaktere kontrastiert sind oder wenn eine Situation vorbereitet und leidlich dargestellt ist, werden bei diesem einzigen Lieblinge für etwas ganz Außerordentliches ausgegeben, und man kann nicht neue Worte genug erdenken, um es zu preisen; sogar führt man seine Fehler und Nachlässigkeiten als Muster an. Ich dächte, Goethen selbst müßte dies kriechende Lobhudeln zuwider sein, nebst den beständigen verächtlichen Seitenblicken auf alle anderen großen und verdienten Männer; denn ein wahrer großer Mann ist bescheiden und ehret fremdes Verdienst. So stelle ich mir's wenigstens vor; denn es tut mir weh, wenn Leute, denen ich gut bin, sich kleinlich zeigen. Sollte aber Goethe wirklich so schwach sein, sich gern das Rauchfaß voll dicken Weihrauchs vor die Nase schwenken zu lassen, so könnte dies erklären, warum er sich vernachlässigt. Denn daß er schlechte Bücher schrieb, so wie den »Großkophta« und den »Reineke Fuchs«, und daß in seinen letzten Büchern und Gedichten viel Mittelmäßiges unterläuft, liegt doch am Tage und würde vielleicht nicht so scharf bemerkt werden ohne das beständige Lobpreisen, als wäre seine Poesie die über alles erhabene Poesie der Poesie.

Ich erinnere mich, Doktor Pandolfo sagte auch sehr pompös:

»Die Französische Revolution, Fichtens Wissenschaftslehre und Goethens Meister sind die größesten Tendenzen des Zeitalters.«[7] Muß man nicht ein Pandolfo sein, um so zu reden? Tendenzen! Das ist auch so ein neu gebrauchtes Wort, wobei der Doktor immer mit der Zunge schnalzte, wenn er's vorbrachte, damit es wichtig klänge. Der arme »Meister« hat nun wohl jetzt eben nicht mehr sonderliche Tendenzen– merke Dir übrigens das Wort, denn wer es braucht, weiß, wie sehr viel es bedeutet–, er ist hochgepriesen worden und ist nun in Deutschland ziemlich zur Ruhe gegangen, außer bei denen, die zu Goethens Hofstaate gehören. In Frankreich, England

---

[7] Auch diesen Anspruch hat Doktor Pandolfo mit den Herren Schlegel gemein. Man s. »Athenäum«, 2. Stück S. 56.

und Ägypten wird er wohl nicht gelesen werden. Doch wer weiß! Kotzebue hat ja jetzt die Tendenz, ein Lieblingsschriftsteller fürs Theater in London zu werden, und Spieß und Hermann von Unna mit allen ihren *german horrors* werden von den engländischen Romanenschreiberinnen nachgeahmt. Sonst dächte ich: Friedrich der Große und die amerikanische Republik und– die Kartoffeln wären ganz andere Tendenzen des Zeitalters als der arme »Meister«, der in seinen Lehrjahren nichts gelernt hat, als sich von jedem Geschöpfe regieren zu lassen, das er antraf: von Marianen, von Philinen, von Frau Melina (welche ein paar Bände durch guter Hoffnung herumwatschelt), von dem unerklärlichen Jarno, von dem geheimnisvollen Abbé, von der possierlichen unbekannten Gesellschaft, die den Burschen soll haben erziehen wollen und mit der uns Goethe nur zum besten hat. Sogar Barbara und Felix sind klüger als der breiweiche Wilhelm. Willst Du etwa die Diskurse übern »Hamlet« ausnehmen? Die hat Goethe gemacht, nicht Meister. In dessen Charakter liegt nichts, woraus wir vermuten könnten, daß ein solcher Jünger so scharfsinnig wäre. Jetzt steht er gewiß unter dem Pantoffel seiner Frau, die ihm Goethe zuführt, weil er doch eine Frau haben mußte. Sie wird ihn nun wohl ein wenig schütteln, daß er sich besinne; denn aus sich selbst konnte der untätige Mensch nie etwas finden. So hat ihn uns Goethe selbst geschildert; und daß dieser seinen Hauptcharakter nicht besser in Tätigkeit zu setzen wußte, macht ihm eben nicht Ehre. Eigentlich ist Meister gar kein Charakter, sondern ein nicht handelndes Schlenterwesen, das nebenher mit jeder weißen Schürze liebelt. Pfui! Wäre der Harfner nicht da und Mignon, diese beiden so neuen und interessanten Charaktere, und allenfalls die zweideutige lustige Philine nebst den vortrefflichen Gedichten: was wären »Meisters Lehrjahre« an sich? Daß übrigens Goethe, auch wo er im »Meister« mittelmäßig und schlecht ist, nicht auf die Art mittelmäßig ist wie Spieß oder andere bloß mittelmäßige Köpfe, versteht sich von selbst. Goethe hat nun einmal die Laune gehabt, so ein Buch zu schreiben wie »Meisters Lehrjahre«. Das kann man ihm lassen. Ein guter Kopf kann auch zuweilen etwas bloß hinwerfen wollen. Aber es müssen uns Goethens Schmeichler nicht einbilden wollen, ein Werk der nachlässigen Laune wäre ein Werk des hohen Genies! Wenn sie es uns nur nicht wieder mit der neuen »Dorothea« ebenso machen, wovon jetzt den Auserwählten ein paar Seiten handschriftlich herumgegeben werden mit gewaltiger Lobpreiserei!

Apropos! Wer muß der Fichte sein? Pandolfo redete noch von einem andern, der auch ein großer Mann sein soll, »von einem ›Gestiefelten Kater‹, der auf dem Dache der dramatischen Kunst herumspaziert«.[8] Ist das wohl ebender Mann? Ich merke, es gibt jetzt in Deutschland neue Wissenschaften und Künste, die nirgend auf ebener Erde bleiben mögen, eine neue Poesie und Philosophie und Empfindung und Kritik und Lobhudelei, die immer auf den obersten Spitzen der Dachfirsten spazieren wie die Katzen und Störche.

Das Außerordentliche und Fremde ist jetzt bei den deutschen Wißlingen und Witzlingen an der Tagesordnung; was einfach und geordnet und natürlich ist, heißt gemein. Nun gibt es freilich natürliche Sachen, die sehr gemein sind, und außerordentliche zugleich aber ungemeine Sachen; aber, lieber Gott!, wenn nun das Außerordentliche unnatürliche und dabei doch sehr gemein ist! So scheinen mir aber die meisten neuen außerordentlich originalen Produkte.

Als ein kleines Mädchen sah ich noch den berühmten Basedow. Dieser verschmähte nicht, viel von sich zu sprechen. Er rühmte seinen wunderbaren Fleiß, seine Nachtwachen und daß er vieles nicht tun könne, was andere Leute sich gefallen ließen, und daß er manches Merkwürdige an sich habe, was sich sonst nicht finde. So erzählte er uns auch, daß seine Augen die ganz sonderbare Eigenschaft hätten, daß er, wenn er läse, nie geradezu sehen könne, sondern das Buch an der linken Seite der Stirn halten müsse. Das erzählte er sehr oft und las uns seitwärts vor, so daß jedermann nachsagte: Basedow habe Augen von ganz außerordentlicher Beschaffenheit; und dies ward allgemein geglaubt. Endlich kam er zusammen mit Lambert, dem Mathematiker, der sah ihm in die Augen, ließ ihn zur Probe lesen und rief ganz verwundert:

»Ei! Herr Professor, Sie schielen!« Basedow wollte sich seine Außerordentlichkeit nicht nehmen lassen und rief:

»Nein! Meine Augen haben die besondere außerordentliche Beschaffenheit, daß sie nicht geradezu sehen!«–

---

[8] S. »Athenäum«, 2. Stück, S.84.

»Das nennt man schielen«, war Lamberts Antwort, »und es ist nichts Besonderes!«

Lieber Himmel! Wieviel hochgepriesene neue Philosophie und Poesie und Kritik mag wohl keine andere außerordentliche Eigenschaft haben, als daß sie schielet! Indes was geht das mich an! Man läßt ja dergleichen Schriften doch ungelesen oder wirft sie weg, wenn man sechs Seiten gelesen hat; und einen Toren wie Pandolfo sieht man nicht zum zweiten Male, wenn man's ändern kann; den Herrn von X. bin ich ziemlich los, und es müssen ja auch Toren in der Welt sein, damit es was zu lachen gibt. Aber daß Gustavs Geist sich gewöhnt hat zu schielen, tut mir leid. Könnte ich ihm doch vor jedes Auge eine Nußschale mit einem kleinen Loche binden, damit er gerade sehen müßte. Aber das geht nicht. Er glaubt noch wie Basedow, er sehe alles auf eine ganz originale Art an. Wenn er nur erst begreifen lernen wollte, was ein natürliches gutes Auge ist, so lernte er wohl noch selbst gerade sehen ohne Nußschalen. Er ist jung, hat guten Sinn und guten Willen. Ich glaube, mein Herz, ich habe Dir zwei oder drei sehr lange Briefe geschrieben. Aber sie handelten meist von langweiliger Gelehrsamkeit–und die steckt an.

10.

Der Herr von X. hat unsern Gustav sitzenlassen. Er wohnt nicht mehr mit ihm zusammen, er hat sich Equipage angeschafft, geht nach Hofe, ist Kammerjunker geworden, und so hat er noch eine Prätension mehr zu machen. Mag er doch!

Aber was viel schlimmer ist: Gustav läßt mich sitzen. Er ist wohl vierzehn Tage nicht bei mir gewesen. Ich arme Verlassene!

Die glückliche Frau von C. raubt ihn mir. Er liegt ganz in ihren Fesseln, welche sie mit Blumenketten durchflicht. Sie sind täglich beisammen; die Blondins mögen seufzen, ich Verlassene mag klagen; die Glücklichen leben nur für sich. Meinst Du, daß dies Liebe sei?

Mir fehlt was, seitdem ich den Gustav nicht sehe. Ich war nun seit einigen Monaten so an ihn gewöhnt. Das gelehrte Volk ist doch nicht einmal höflich! Er könnte doch wenigstens zuweilen eine Karte bei mir abwerfen oder sonst von sich hören lassen, damit man wüßte, daß er auch noch außer bei der kleinen C. existiert. Es ist unartig, daß sie ihm ganz allein haben will.

Ich möchte doch wohl sehen, wie sich die beiden Leutchen miteinander hätten, und besonders, wie sich Gustav benähme! Dazu dürfte ich nur freitags in die erlauchte Versammlung gehen. Aber so gern ich auch Gustaven sähe, so mag ich doch nicht den Witzmarkt der Frau von C. wieder besuchen. Ich bin noch ein paarmal da gewesen und komme nicht wieder, denn das Gesuchte, das Gezierte, die witzige Eitelkeit ist gar zu unausstehlich. Ich kann mich in dem erhabenen Wirbelwinde erdichteter Empfindungen nicht aufrechterhalten. Ich gehöre nicht dahin.

Wenn ich's recht bedenke, so ist's impertinent, daß Gustav nicht einmal zu mir kommt, wenn meine eigne Teegesellschaft bei mir ist. Das könnte ihm seine C. doch nicht übelnehmen; denn das sähe nicht einmal aus, als ob er besonders meinetwegen käme. Aber sie will ihn ganz allein beherrschen, und die Welt soll es wissen. Ich sage Dir, die C. ist ein unleidliches Wesen; ich habe mir's schon in meinem Notizbuch angemerkt: nächstens will ich sie hassen!

11.

Das Schicksal rächt mich an Gustavs Untreue! Ich erhebe mein Haupt über die Wolken!

Stelle Dir vor! Die Teegesellschaft ist bei mir in aller Unschuld. Wer fährt vor und läßt sich melden? Des Herrn Kammerjunkers von X. Hochwohlgeborne Gnaden. Wird angenommen. Das versteht sich von selbst.

Und wie erscheint der Herr Kammerjunker? So wie er vom Hofe kam, im schönsten gestickten Kleide, Degen an der Seite, die Haare noch so lang wie sonst, aber herrlich frisiert vom ersten Frisör der Stadt. Dabei war er äußerst holdselig, gesprächig, sagte jedem etwas Angenehmes, mir sechsmal soviel als den andern. So was erhebt das Herz! Wäre doch Gustav nur dagewesen und hätte gesehen, wie schön der Herr Kammerjunker mit mir tat. Ich hätte dem Burschen den Verdruß wohl gönnen mögen; er hat ihn um mich verdient.

Die bösen Mäuler sagen, der Herr von X. wäre eigentlich in die Gesellschaft gekommen, um sein neues gesticktes Kleid sehen zu lassen, und damit zeigte er freilich das Beste, was an ihm war. Aber das ist alles nur neidisches Geschwätz, und Du sollst dem geradezu widersprechen, wenn es auch bis zu Dir gelangt. Er kam meinetwegen, sollst Du wissen, und blieb auch bis zu Ende der Gesellschaft, bis alles wegging und er nicht mehr bleiben konnte. Die Leute können daraus sehen, was ich wert bin, und Gustav mag sich ärgern, daß er mich so verlassen hat. Wenn er nun wiederkommt, nehme ich den Kammerjunker in seiner Gegenwart an, und zwar soll er das gestickte Kleid dazu anziehen.

12.

Da sehen wir nun, daß der Herr von X. meinetwegen kommt und nicht seines Kleides wegen. Den Tag nach der Gesellschaft bekam ich einen Besuch von ihm *en négligé*, in glatten, lang hängenden Haaren, in den bekannten langen Beinkleidern und mit einem großen Knotenstocke. Das war ein Abfall gegen den vorigen Tag, und ich hätte das tiefe Negligé fast übelgenommen, aber ich hatte nicht Zeit dazu; denn ganz unvermutet erschien Gustav!

Das kitzelte meinen Ehrgeiz, kannst Du glauben. Ich empfing den Herrn Schwager mit einem tiefen, ganz förmlichen Knicks, wie sich's gehört, wenn man sich in fünf Wochen nicht gesehen hat und schmollen will.

Das will ich! Und daß Du mir nicht sagst, es wäre nicht wahr, wenn ich Dir erzähle, daß sich Gustav während der Zeit wirklich gebessert hat, daß er gesprächiger geworden ist, daß er die Schultern zurück- und die Brust heraushält, daß er ein hübscher Junge ist, sobald er natürlich bleibt, daß er und der Kammerjunker in drei Viertelstunden nicht ein gelehrtes Wort gesprochen haben, daß Gustav verlegen schien und daß ich das als Eifersucht auslegte und daß der Kammerjunker gar nichts wert ist gegen ihn und daß ich doch dem Kammerjunker gut bin und ihm seinen Knotenstock vergebe, weil durch ihn Gustav wieder zu mir geführt worden ist. Denn Gustav wäre noch nicht gekommen, hätte er nicht von dem prächtigen Besuche gehört. Zuletzt werde ich auch meiner Feindin C. danken müssen, daß sie ihm den Kopf aus den Schultern herausgebracht hat.

Was will ich denn?

Höre Julie! Du lachst, das sehe ich von hier. Ich nehme es übel; daß Du es nur weißt!

13.

Der Herr von X. kommt fleißig wieder und wird vertraulich, so daß er mir beschwerlich fällt. Im Ernste, ich weiß nicht recht, was ihn zu mir bringt. Er ist nicht um ein Haar klüger geworden als er anfangs war, selbst nun, da er nicht mehr gelehrt spricht. Er hat sich bei Hofe und in der Stadt lächerlich gemacht durch seine Prätensionen, niemand mag ihn, ich weiß also nicht, was ich mit ihm soll. Wahrhaftig! Wenn man mit einem alten Narren zu tun haben muß, ist einer genug; will man aber mit jungen Narren fertig werden, so müssen zwei oder drei zusammensein, sonst geht's nicht; doch freilich, hat man bei ein paar Narren noch einen klugen Menschen dabei, so geht's noch besser. Du meinst, ich ziele auf Gustav? Allerdings! Gustavs Gegenwart könnte allenfalls den Kammerjunker erträglich machen, doch ohne diesen sehe ich jenen noch lieber. Er besucht mich jetzt so wie sonst, und ich teile ihn mit der Frau von C.; aber es ist etwas Fremdes, etwas Verlegenes an ihm, das ich nicht recht ergründen kann.

14.

Ich weiß nun, warum Gustav so trostlos aussieht. Die Frau von C. hat ihn abgesetzt, und er hat ihr entsagt; den Verlust kann nun der arme Junge noch nicht verschmerzen. Sie machte es mit ihm wie mit allen. Er sollte der Ihrige bleiben, aber vereint mit den andern Sklaven an ihrem Triumphwagen ziehen; er will aber der einzige sein, und ihre Eitelkeit braucht doch viele und hascht immer nach mehreren. Lange genug hat er sich noch gehalten. Aber ein neuer Schöngeist ist angelangt, der sich geschwind auch sterblich in sie verliebte und ihr ein paar neue Blättchen aus Goethens »Herrmann und Dorothea« mitteilte, einem Gedichte, das noch nicht gedruckt ist, wovon aber jetzt einzelne Blättchen – versteht sich: nur an die Auserwählten – geschickt und von den Auserwählten der zweiten Ordnung abgeschrieben werden. Dies Gedicht, sagt man im voraus, soll alles übertreffen, was je im Himmel, auf der Erde, unter der Erde und in Auerstedt Gedicht ist, gewesen ist und sein wird, und wer ein Fragment davon erhält, erkennet daraus, daß er zu den

Auserwählten gehört. Du kannst Dir also vorstellen, welches Glückes für die Frau von C. war, solch ein neues Stückchen Abschrift zu besitzen, und so wurde der schöne Herr der einzig geliebte Seladon. Gustav ist vernachlässigt. Das kann der Starrkopf nicht ertragen und schmollt mit ihr. Das läßt sie gut sein und denkt ihn zur rechten Zeit schon wieder zu holen. Bin ich selbst nicht sehr gut, daß ich ganz geduldig die zweite Stelle einnehme und sogar nicht einmal mit ihm darüber schmolle, daß er mich so lange vernachlässigte?

15.

Ich bin den beschwerlichen Kammerjunker ganz los; ich hoffe es wenigstens. Er hat selbst dazu Gelegenheit gegeben, welches ihm der liebe Gott belohnen möge.

Der Mensch ward mir überlästig mit seinen öftern Besuchen. Ich ließ mich ein paarmal verleugnen, er war aber unverdrossen und kam immer wieder, wie eine Fliege. In der Teegesellschaft war er nicht abzuweisen; er war da vorlaut und tat, als wären wir die besten Freunde. Seine Vertraulichkeit mißfiel mir; ich lobte seine langen Beinkleider und seinen Knotenstock so deutlich, daß er's merkte, und nun glaubst Du nicht, wie dezent gekleidet er erschien. Aber er war immer noch zudringlich, versteht sich, mit der vornehmen Höflichkeit, welche mir oft wie Beleidigung klingt, und dabei war er so folgsam; man hätte ihn um einen Finger winden können; und doch vergaß er nie seine Wichtigkeit und erzählte uns viel vom Hofe und vom Fürsten und von den kleinen, feinen Soupers. Und die einzelnen Besuche fingen wieder an und waren nicht immer abzuwenden. Ich merkte bald, daß ich eine Eroberung gemacht hatte, worüber meine Bescheidenheit gar nicht stolz war. Er sagte mir, ich wäre schön; das war recht hübsch, es tat mir nur leid, daß ich's ihm nicht erwidern konnte, und ich wußte nichts für ihn zu tun, als daß ich mich verleugnen ließ, wenn er kam. Da ergab sich nun mein trauter Seladon dem Briefschreiben. Keine Antwort. Und dennoch kamen die Briefe mehrmals; und heute bekomme ich eine ausführliche Botschaft, worin er die Schlauheit hat, auch von sich zu reden, was er wäre und wie er's wäre. Ich ließ dahingestellt, was er wäre und wie er's wäre, ohne ihm schriftlich zu melden, was ich wäre. Ich gehe gleich darauf ganz in Unschuld ans Fenster und öffne es; denn es mag sein, daß mich die Schreiberei verdrossen hatte, und so wollte ich Luft schöpfen. Wen erblicke ich? Den leibhaften Herrn Kammerjunker in seinem besten Staatswagen; und er machte mir über den Schlag hinaus den zierlichsten Bückling, worauf ich nachlässig knickste. Er fährt vor. Ich schlage das Fenster zu. Mich verleugnen zu lassen ging nicht, das hätte ausgesehen, als hielte ich ihn wert, seinetwegen in Verlegenheit zu sein. Ich mußte ihn also annehmen, sein holdseliges Gesicht kam voran in die Tür, denn er bückte sich ebensotief wie aus dem Wagen. Nun setzen wir uns, und er sagt mir allerlei schöne Sachen; die nehme ich an, wie man ein Guten Morgen! annimmt; und dann spricht er allerlei von seinen Gesinnungen gegen mich; ich hatte aber gegen ihn gar keine Gesinnungen, die sich sagen ließen; also schwieg ich still. Da es nun so nicht ging, präsentierte er mir eine zierliche Prise Tabak und rühmte seinen Stand, seinen Reichtum, seine Konnexionen bei Hofe und sogar seinen neuen Engländerzug mit sechsen. Ich hatte Mühe, mich zu halten, doch zwang ich mich und sagte ziemlich kalt: »Stand und Reichtum sind bei mir kein Verdienst, sowenig wie Pferde.« Da versicherte er mir, er hoffe auch eigene Verdienste zu haben. »Sie sind eine Gelehrte!« rief er – »Daß ich nicht wüßte«, versetzte ich. – »Ich habe Ihnen schon Beweise gegeben, daß ich die neue Philosophie gründlich studiert habe so wie wenige, und meine Kenntnis des Schönen wird einer so schönen Kennerin wohl auch verdienstlich sein.« Das fiel mir ins Lachen; ich konnte mich nicht halten, es war nicht möglich. Aber siehe da: schnell knieet er vor mir, küßt meine Hand und predigt mir eine förmliche Liebeserklärung gerade ins Gesicht, mit der Inbrunst eines Kammerjunkers, der mit einem Sprunge Hofmarschall werden will. Ich glaube, ich bin blaß geworden, so übernahm mich das. Doch fasse ich mich, hebe ihn auf, führe ihn zur Tür und sage: »Sie werden sich vermutlich zum Diner ankleiden wollen; ich muß mich auch ankleiden. Ich empfehle mich bestens.« Dabei machte ich ihm den tiefsten Knicks, der zu machen ist, und noch einen, und er ward blaß und rot. Er wollte etwas stammeln, aber noch ein tiefer Knicks und noch ein tieferer Knicks, und so knickste ich ihn zur Tür hinaus, ehe er zum Worte kommen konnte. Ich wollte wahrlich auch kein Wort von ihm hören, und ich denke, er wird auch meine Tür nicht wieder betreten. Es tat mir wohl, daß ich ihn so abzufertigen wußte; ich hätte es nicht gekonnt, wäre mir nicht sein überlästiger Brief so frisch im Gedächtnisse gewesen.

Dieser Mensch war mir äußerst zuwider, sobald ich ihn sah. Wer mir erträglich werden soll, bei dem muß ich einige Berührungspunkte finden, wären sie auch noch so gering. Dieser Kammerjunker aber stimmt mit mir in nichts zusammen. Er ist ein Tropf mit aller seiner erlernten Weisheit, mit sechzehn Ahnen doch nichts wert, mit seinem großen Reichtume und mit seinen hohen Aussichten in der großen Welt ein armer Schelm; denn er hat keinen Verstand und kennt weder Freundschaft noch Liebe. Die kennt keiner, der nur in seinem Ich lebt. Was sollte denn der Mensch von mir? Mit mir eine Komödie spielen? Die Herren, welche sich ein Fest machen, uns wie Schauspielerinnen anzusehen, verdienen nicht, daß man mit ihnen eine Rolle übernehme.

Es tut mir wohl, liebe Julie, daß ich mich gleich niedersetzen konnte, gegen Dich mein Herz auszugießen. Ich war doch in Bewegung, wie ich jetzt merke, und meinte, ich wäre so ruhig. Nun ist mir leicht. Lebe wohl, liebes Herz!

16.

Du bist also nicht zufrieden mit der Art, wie ich mir den Kammerjunker vom Halse geschafft habe? Du sagst, ich hätte ihn allzu spöttisch behandelt. Kann sein! Aber, lieber Gott!, wie soll man's machen, wenn man einen überlästigen Menschen gewiß loswerden will? Und bedenke nur, liebe Julie, er hatte die ehrbarsten Absichten, die sich denken lassen; es war ihm ganzer völliger Ernst mit dem Bande des heiligen Ehestandes. Wenn man nun solche schrecklichen Aussichten vor sich sieht, so verliert man die Besinnung und denkt nicht so ganz genau auf etwas zuviel oder zuwenig.

Alles recht überlegt, muß ich wohl noch zuwenig getan haben; denn, stelle Dir vor: die Unverschämtheit! Er erschien gestern in der K.schen Teegesellschaft und war wieder so vorlaut und spöttisch gegen jedermann und so süß und wortreich gegen mich wie jemals. Es ist doch seltsam, daß der Mensch sich mir noch weiter aufdringt. Ich hätte gedacht, er müßte verlegen sein; das war er aber nicht; er tat so unbefangen, als wäre gar nichts vorgefallen, und beehrte mich beständig mit seinem Diskurse, vermutlich, um zu sehen, ob ich verlegen sein würde.

Bin ich ihm nicht recht begegnet, so bin ich doppelt gestraft; denn ich bin den überlästigen Menschen nicht einmal losgeworden.

17.

Ich setze mich spät nieder, Dir zu schreiben. Es ist klar, der Kammerjunker will sich rächen und meine friedlichen Gesellschaften stören. Er fand sich vor acht Tagen sogar in meiner eigenen Teegesellschaft ein und führte da allerlei spöttische Reden, welche mir und andern, auch dem alten Obersten, auffielen. Dieser fragte mich, als die übrige Gesellschaft weg war, und ich erzählte ihm alles, was vorgefallen war. Er schüttelte den Kopf und kam überein, wenigstens in meinem Hause müßte ich Herr sein, zu sehen, wen ich wollte.

Heute erschien mein Herr von X. richtig wieder in meiner Teegesellschaft, und seine Spöttereien wurden so arg, daß ich mich zurückzog. Der Oberst aber trat vor und sagte ihm erst einige ernsthafte und nachher einige starke Worte über seine Ungezogenheit. Die Gesellschaft war einmal gestört, und so bedeutete der Oberst ihm zuletzt: seine Gegenwart sei hier unnötig, und wenn er außerdem wieder vergessen würde, was er mir schuldig wäre, sollte er es mit ihm zu tun haben. Herr von X. sagte dem Obersten etwas ins Ohr, dieser dankte freundlich, und X. ging ernsthaft fort. Es ist mir sehr unangenehm, daß die Sache so gekommen ist. Mein Trost ist: mein Alter ist ein gesetzter Mann und wird ja wohl dem ungezogenen Kinde nichts als einen unbedeutenden Denkzettel mit auf den Weg geben.

Gustav war diesen Abend gerade nicht gegenwärtig; ich bin gewiß, auch er würde bei dem unartigen Benehmen des Kammerjunkers nicht ruhig geblieben sein.

Ich habe mein Betragen gegen diesen ernsthaft überlegt. Ich hätte mich durch seine stolzen Prätensionen nicht sollen verleiten lassen, ihm meine Verachtung ins Gesicht zu bezeugen. Ich hätte ihn trockner abfertigen können; aber seine Rache war unmännlich; und hätte mich mein Vetter nicht beschützt, so wäre ich unartigen Anfällen immer ausgesetzt gewesen, sogar in meinem eigenen Hause.

Ich werde unruhig schlafen und wünschte, die Sache wäre erst ganz zu Ende.

18.

Du liesest mir den Text darüber, daß wegen meines Mutwillens ein Zweikampf entstanden ist? Weißt Du nicht, daß man in der großen Welt eine ansehnliche Figur spielt, wenn man so glücklich ist, daß sich um unserer schönen Augen willen ein Paar die Hälse bricht? Und rechnest Du für nichts, daß ich einen beschwerlichen Liebhaber los bin?

Er ist doch wohl nicht tot? sagst Du?

Tot! sage ich.

Und darüber kannst Du Dich freuen?

Jawohl! sage ich Dir. Er ist tot für mich und für den Hof und für die Stadt und für uns alle. Das ist genug. – Höre die traurige Geschichte.

Es war vorher mancherlei Hin- und Herschreibens über das Duell gewesen. Der Kammerjunker hatte bemerkt, daß der Oberst wegen Kurzsichtigkeit die Brille braucht, und hatte ihn deshalb auf Pistolen gefordert, in der Meinung, er würde es nicht annehmen; aber es mußte dabei bleiben.

Sie ritten bis auf die Grenze. Der Oberst sagte dem Sekundanten des Herrn von X.: »Sie wissen, daß ich kurzsichtig bin, und also verlange ich die Distanz von zwölf kurzen Schritten.« Der Herr von X. erblaßte und verlangte eine weitere Entfernung, ließ endlich im Diskurse fallen: die Sache wäre nicht von der Bedeutung, daß sie nicht auch mit dem Degen könnte ausgemacht werden. Der Alte aber setzte einen derben Trumpf darauf, daß es so bleiben müsse, wie jener es selbst verlangt hätte. Die zwölf Schritte wurden abgemessen.

»Schießen Sie zuerst!« rief der Oberst. X. schoß und fehlte. Der Oberst schoß vier Schritte links einen kleinen schwankenden Zweig eines Baumes entzwei.

Der Herr von X. rief: er sei zufrieden mit der Satisfaktion. Der Sekundant versuchte die Sache beizulegen. Der Oberst rief: »Sind Sie zufrieden, so bin ich es nicht. Schießen Sie!« Herr von X. schoß zitternd und fehlte weit. Der Oberst setzte sein Pferd in Ruhe und zielte beinahe eine Minute lang: »Ich ziele auf Ihre Brust!« – X. ward totenblaß.

»Apropos! Wollen Sie lieber leben als sterben? Sie wollten ja die Sache vorher beilegen.«

»Ich bin noch dazu bereit!« rief X.

»Sie müssen aber tun, was ich verlange; sonst schieße ich gerade ins Herz!«

Der Oberst rief den Wundarzt: »Sie haben doch eine Schere bei sich? Geben Sie sie dem Kammerdiener. Mein Freund, schneide Er seinem Herrn auf jeder Seite drei Zoll von den Seitenhaaren weg; ich kann die langen Schweife nicht leiden.«

Der Oberst zielte, X. hielt still, und der Kammerdiener schnitt.

»Und die langen Hosen, die bis an die kleinen Stiefel gehen, bis unters Knie abgeschnitten!« – Es geschah. – »Nun, junger Herr, sehen Sie aus wie andere Menschen. Leute, die so beschaffen sind wie Sie, müssen sich weder leiblich noch geistig von andern unterscheiden wollen.«

Der Oberst schoß in die Luft und rief: »Wenn Sie wollen, so schießen Sie noch einmal!« Aber X. rief zitternd: »Ich bin zufrieden.«

»Ich rate Ihnen, junger Herr, gegen jedermann artig zu sein, ohne Ausnahme. Verstehen Sie mich?« Und damit ritt er zurück.

Die Sache macht bei Hofe und in der Stadt viel Aufsehen. X. wurde den ersten Tag, da er ausging, so sehr ausgelacht, daß er wohl merkte, seines Bleibens würde hier nicht sein, und er hat schon die Stadt ganz verlassen.

Ich werde diese Nacht ruhiger schlafen als vorgestern. Diese Begebenheit hat sich lächerlich geendigt; aber ich habe darüber recht ernsthaft nachgedacht; und ich verspreche Dir, wenn jemals wieder ein überlästiger Liebhaber kommt, so werde ich ihn gelinder abweisen: sonderlich wenn er einer von den neuen, tiefen Philosophen wäre, die alles wissen und sich einbilden, es stehe ihnen alles gut.

19.

Mein alter Vetter besuchte mich gestern, und Du kannst Dir vorstellen, daß ich ihm dankte. Gustav kam dazu. Der Oberst wollte keinen Dank annehmen; denn, sagte er, es ist sehr leichte Arbeit mit solchen Herren, deren Weisheit und Mut sich nur in Worten zeigt oder da, wo sich niemand wehren kann. Man tut ihnen noch zuviel Ehre, wenn man sie unter den gewöhnlichen Haufen von Menschen stößt, worunter Tausende besser sind als sie.

Der Alte sagte dies etwas trocken. Gustav mochte glauben, es sollte auch ihm gelten, und ihm gefiel die Rede nicht, wie sich zeigte, als der Oberst weggegangen war. Da entspann sich unvermutet ein langer Wortwechsel zwischen uns beiden.

»Diese Herren«, hob Gustav an, »schätzen nichts, als wozu Fäuste nötig sind. Zuschlagen können sie, das ist ihre ganze Stärke.«

»Nicht bloß Zuschlagen. Zum Zielen gehört Besonnenheit und kaltes Blut; und wenn man jemand mit bloßem kaltem Zielen den Dünkel benehmen kann, so ist's ja menschenfreundlich!«

»Ja, kalt sind die Herren, das weiß Gott!«

»Der Oberst doch nicht immer. Sein Herz ist warm fürs Gute. Erinnern Sie sich, wie er die trefflichen Verbesserungen im Lande mit warmem Eifer lobte, welche wir dem Geheimen Rate zu danken haben?«

»Ha! Gemeine Geschäftsklugheit! Wenn ich ein Pferd in den Wagen spanne, muß es wohl ziehen.«

»Doch nicht, wenn es nicht gut regiert wird. Und dann bleibt das Geschäftspferd auf ebener Erde und nützt dem Menschen. Aber ihr Leutchen seid wie die Adler, ihr wollt immer zur Sonne fliegen ohne Nutzen und Zweck, bloß weil's hoch ist. Aber ihr bleibt in den dicken Wolken hangen, und eure Poesie wie eure Philosophie und Kritik ist naß und kalt zugleich.«

»Auch Sie plagen mich! Schlimm genug, daß einen niemand fassen kann, daß sich niemand für die Wissenschaft der Wissenschaft, für das reine Schöne und Erhabene will erwärmen lassen.«

»Ei, da haben Sie ja die ganze Gesellschaft der Frau von C, die ist so warm für alles Undeutliche, daß mir der Schweiß dort ausbrach und ich mich nicht traute wiederzukommen.«

»Spotten Sie nicht! Es kann sein, daß die Leute etwas verbildet sind; aber sie haben doch eine gewisse Reizbarkeit, ein gewisses Leben, woraus doch eher noch etwas zu machen ist als aus dem frostigen, unteilnehmenden Sinne, der alles Große und Schöne wegwirft.«

»Ich glaube, aus jenem weniger als aus diesem. Verbildete Männer und Weiber sind viel schlechter als gar nicht gebildete. Ich mag lieber einen Marmorklotz als eine verstümperte Statue haben. Der Wert eines jeden Menschen beruht auf seiner Wahrheit. Die Verbildeten haben gar keinen Charakter; denn ihre Bildung ist nur Schein, und ihr Zweck ist bloß Eitelkeit. Auf eurem Witzmarkte kauft und verkauft ihr mit falscher Münze. Pandolfo der Große gab euch neulich wirklich Ephraimiten anstatt Bankotaler.«

»Der Mann sagte manches Schielende und Falsche. Darin aber hatte er doch recht, daß es ärgerlich ist, unter Leuten zu leben, welche von Goethe und Shakespeare in ebendem Tone reden wie von einer Weinsuppe oder einem Kopfputze.«

»Das ist wenigstens mein Fehler nicht, denn mir ist eine Weinsuppe lieber als Goethens ›Venetianische Epigramme‹ und die ›Bekenntnisse einer schönen Seele‹ und ein Kopfputz lieber als Goethens ›Groß-kophta‹. Aber bei ›Iphigenie‹ und ›Werther‹ vergesse ich alle Suppen in der Welt. Shakespeare vollends, wenn man über ihn kommt, läßt einem nicht Zeit, an sonst etwas zu denken als an ihn. Liebe Herren, die ihr nichts als Goethe und Shakespeare im Munde habt, ihr wisset nicht recht, was ihr lobet und was ihr verachtet. Ihr meinet die menschliche Natur im Shakespeare studiert zu haben; daher legt ihr in seine Werke einen ganz falschen Sinn, und ebendiesen euren falschen Sinn wieder in Goethens Werke. Ihr müßtet Shakespearen aus der innersten Natur des Menschen kennenlernen; denn die studierte er, und zwar bloß zu dramatischer Absicht; aus der nahm er alles her, und die kennet eure Wortweisheit gar nicht.«

»Nein! Er nahm alles aus seinem göttlichen Geiste. Es müßte denn zu seiner Zeit die Natur der Menschen erhabener gewesen sein; denn jetzt kann man weit und breit um sich sehen und findet nichts als ganz gemeine Gesichter.«

»Schönen Dank für das Kompliment! Doch ihr lieben Philosophen habt ja Spiegel, darin könnt ihr euch selbst sehen; denn ihr haltet euch doch für ungemeine Wesen, nicht wahr? Seht euch also nur recht an; vielleicht lernt ihr euch kennen. Ihr sucht in der ganzen menschlichen Natur nach Shakespeares gigantischen Gestalten und haltet euch selbst für gigantisch, bloß weil ihr euch immer krampfhaft anstrengt. Liebe Leute, gigantisch seid ihr nicht und werdet ihr nicht, wenn ihr auch noch so lange auf den Zehen trippelt! Lernet erst wirkliche Menschen kennen, sonst werdet ihr über Shakespearen nichts als hochklingende Worte hervorbringen. Bloß in der Studierstube kann er gar nicht gefaßt werden, denn er las in Menschen, nicht in Büchern. Ihr mögt sagen, was ihr wollt, ihr versteht ihn nicht, wenn ihr ihn als ein Buch leset, und am allerwenigsten, wenn ihr die gelbe Brille eurer Schulphilosophie dazu aufsetzt. Ihr könnt euch aus ihm ein Götzenbild machen, das ihr anbetet, aber ihr werdet nie den Gott erkennen, der in ihm lebet. Er machte durch seinen großen Geist natürliche Charaktere zu den großen dramatischen Bildern, fürs Drama. In diesen Bildern lebt ihr träumend und ohne die Natur, ihr großes Urbild, zu kennen. Weil ihr beständig eure wilden Ideen untereinanderwerfen könnt, meint ihr, es ruhe Shakespeares Geist auf euch, und haltet nun alles für gemein, was deutscher Geist hervorbrachte, sobald es nicht von euren paar Genossen herkommt; von denen aber preisen sie alles unbedingt, sogar bis auf den ›Gestiefelten Kater‹ oder ›Lovells Leben‹, als wäre der Geist der guten Literatur nur bei euren Freunden. Der wahre Kenner schätzt jedes Geisteswerk in seiner Art und verachtet nur das Verächtliche. Wenn man euch so schief urteilen hört, so möchte man fast glauben, ihr schätzet an Shakespearen wie die Kenner an antiken Münzen nur den Rost, nicht das Gold. Liebe Leute, hättet ihr Shakespeares Geist, wovon ihr mit so vielem Stolze sprecht, als kenntet ihr allein ihn nur, sonst niemand; warum bringt denn kein einziger von euch etwas echt Shakespearisches zum Vorscheine? Zwar möget ihr euch so etwas einbilden, aber ihr geht immer neben seinem gebahnten Wege ab, im Sumpfe und zwischen kleinen Steinen, und meint dem Ziele zuzueilen, wenn ihr stolpert!«

Gustav fand, ich wäre allzu hart, brach kurz ab und ging mißmutig weg.

Ich mußte aber einmal mein Herz ausschütten; denn der Dünkel ist gar zu lästig, den der junge Mann mitgebracht hat, nach welchem er alles für schlecht und gemein hält, was nicht so ist, wie ihm seine Grillen gesagt haben, daß es sein sollte. Er mußte einmal deutlich hören, daß man Menschen aller Art kennenlernen muß, ehe man über menschliche Charaktere urteilen kann. Ich bin ihm gut, darum sagte ich ihm die Wahrheit recht offenherzig. Warum sollte ich sie verschweigen?

Aber wäre ich etwa wieder allzu hart gewesen? Ich versprach Dir neulich, wenn mir ein neuer Philosoph in den Weg käme, wollte ich ihn gelinder abweisen. Ich sagte das mit der Bedingung: wenn es ein überlästiger Liebhaber wäre. Gustav ist mir weder überlästig noch mein Liebhaber, noch will ich ihn abweisen. Wäre er mein Liebhaber, würde er dann gleich weglaufen, wenn ich ihm sage, was ihm gehört? Ich will meine Liebhaber schelten dürfen, das kannst du nur jedem sagen, der mich zu lieben Lust hat – auch wenn der Ungetreue gleich zur Frau von C. wieder ginge. Denn wohin wäre er sonst gegangen, da er mich so schnell verließ?

Er ist tot für sie, sagst du? – Hm! Die zärtlichen Liebhaber sind wie die Fliegen; sie leben auf, wenn sie wieder in den Schein ihrer Sonne kommen. Höre an! Käme er wieder neu belebt zu mir, so hätte es seine Richtigkeit mit der Liebhaberschaft; wäre nur noch zu untersuchen, ob die mir überlästig sein soll.

20.

Siehst Du wohl, daß es nichts schaden kann, wenn man die Männer ausschilt! Gustav kam heute gleich wieder. Merkst Du aber, warum der arme Schelm zu mir kommen muß, wenn er auch weiß, daß er Wahrheiten hören wird? Er hat seinen Kammerjunker nicht mehr, und die Frau von C. hat ihn verlassen.

Aber kam er neu belebt? Ach, keinesweges! Er ist traurig und mißmutig, daß er von der Frau von C. ist abgesetzt worden. Ich soll ihn trösten. Wie ist das zu machen? Sein Herz ist so unbefangen, daß er sich in die erste schöne junge Frau ehrlich verliebte, deren Geist einen Berührungspunkt mit dem seinigen hätte; und nun kann er noch nicht begreifen, daß Geist nicht Herz ist und Eitelkeit es noch weniger ist. Ich habe verschiedene Unterredungen mit ihm gehabt, recht freundschaftlich, davon will ich Dir das Wesentlichste sagen.

Mein Trost nahm einen ganz besondern Weg, um ihn zugleich zur Erkenntnis zu bringen. Ich musterte alle Weiber, eine nach der andern, welche in die gelehrte Gesellschaft der Frau von C. kommen. Gustav hat einen viel zu gesunden Sinn, um nicht zu begreifen, daß jede von diesen nur aus Eitelkeit die Zusammenkünfte besucht und nicht aus Verlangen nach wahrem Geistesgenusse. Da nun sein Liebesverständnis mit der Frau von C. sich unter dem Vorwande der Schöngeisterei angefangen hat, so scheint er endlich zu begreifen, daß die Liebe auch bei ihr der Eitelkeit habe zum Vorwande dienen müssen, zumal da ich ihn auf die Menge der Liebhaber aufmerksam machte. Das mochte ihm nun wohl das Herz brechen. Du weißt, wenn der Sünder zerknirschten Herzens ist, kann die Gnade besser wirken. Ich nahm also den Zeitpunkt wahr, ihn freundschaftlich in sich zurückzuführen.

Ich fing damit an, ihn zu loben, daß er der Frau von C. hätte gefallen wollen, und bemerkte, daß er dadurch schon etwas von dem steifen und herrischen Wesen verloren hätte, welches ihm mit seiner Schulweisheit eingeprägt worden war. Dies konnte er noch nicht fassen. Aber er begriff doch, daß die Frau von C. unrecht gehandelt hätte, seine Gefälligkeit nur zu brauchen, um ihre Eitelkeit zu befriedigen, anstatt seine aufrichtigen Gesinnungen ebenso aufrichtig

zu erwidern. Nun kamen wir ganz natürlich darauf, daß jede Geselligkeit wechselseitige Pflichten erfordere und daß die wahre Bildung eines menschlichen Charakters nur in der menschlichen Gesellschaft erreicht werden könne.

Ich suchte ihn zu überführen: um gute Gesellschaft zu genießen
und sich darin zum Genüsse mitzuteilen, müsse man sich derselben
anschmiegen, nicht aber darin herrschen oder sich auf eine unangenehme Art auszeichnen wollen; ohne Anhänglichkeit an Menschen
aller Art könne die Bildung des Charakters eines jungen Mannes
durch die Gesellschaft nicht vollendet werden. Da gab es einen
harten Kampf. Er wiederholte mehrmals: fast alle Leute wären doch
so gemein, daß es der Mühe nicht lohne, sich ihnen zu nähern.
Hierüber sagte ich ihm deutlich meine Meinung; unter anderm: es
schiene mir so natürlich, daß, wer andere beurteilen wolle, vorher
auch sich beurteile. Wer nun eine Gesellschaft gebildeter Menschen
für gemein erklären wolle, solle, wie ich dächte, billig vorher sich
selbst prüfen. Es könnte doch möglich sein, daß an ihm selbst etwas
gemein oder daß sein Ungewöhnliches schlechter wäre als das Gewöhnliche anderer Leute. Diese Prüfung hätte, meiner Meinung
nach, besonders ein junger Mann sehr nötig, wenn er auch in der
Schule für noch so gelehrt wäre gehalten worden. Buchweisheit,
fuhr ich fort, geht von allgemeinen Sätzen über die Menschheit aus,
die im allgemeinen ihren Wert haben mögen; aber um sie richtig
anwenden zu können, muß man menschliche Charaktere aller Art
lange und aufmerksam beobachtet haben; denn die lebendige Welt
ist unendlich mannigfaltiger als die Welt der Ideen. Die Schulweisheit vermag nichts über eine Menge Dinge, die zwischen Himmel
und Erden sind. Das hat Hamlet schon gesagt. Jeder Künstler muß
lange nach dem Leben zeichnen.

Gustav sagte viel zur Verteidigung seiner theoretischen Weisheit,
was sich recht gut anhören ließ: daß sie das menschliche Wissen
gewiß macht, daß sie allgemeingültige Gesetze gibt, daß durch sie
die Menschen zu festen Gründen gelangen, auf die beste Art zu
handeln. Das war alles recht hübsch; nur daß er die Schulphilosophie, womit unsere Deutschen sich vor allen Nationen so emsig
plagen, mit festen Grundsätzen verwechselte. Man kann diese haben ohne jene; es würde sonst schlecht in der Welt stehen.

Das sagte ich ihm und setzte hinzu: »Ihr hochweisen Buchgelehrten kommt mir vor wie die großen Töpfe in unsern Küchen. Sie werden kreuzweise mit Draht beflochten, damit sie nicht unter ihrer eigenen Schwere brechen; aber gegen den geringsten Stoß von außen hilft ihnen der Draht sowenig als euch eure verschränkten Syllogismen. Lieber Gustav! Gleich bei Ihrem ersten Schritte in die Welt machte ja ein wenig buhlerische Eitelkeit Ihre vortrefflichsten Schlüsse zuschanden! Glaubten Sie nicht, die Frau von C. wäre eine liebende Seele und ihre Genossinnen hätten wahre, warme Empfindung für das Schöne und Erhabene? Glauben Sie jetzt noch, diese Damen verdienten, daß man sie für ungemeine Seelen halte? Wollten Sie wohl unsern alten Vetter mit seinem gesunden, hausbackenen Urteile für all das Geschwätz bei der Frau von C. weggeben?«

Meine Erwähnung des Obersten berührte eine Seite, die empfindlicher war, als ich gedacht hatte. Gustav konnte es noch nicht vergeben, daß der Alte von der Weisheit in Worten mit so wenigem Respekte gesprochen hatte, und wollte seinen ehemaligen Weisheitskameraden noch nicht so ganz aufgeben; denn er meinte, dieser sei von dem Obersten unanständig gestraft worden.

»Soll es nicht erlaubt sein«, rief er, »Haare und Beinkleider so lang oder so kurz zu tragen, wie jeder will?«

»O ja«, versetzte ich, »wenn es nur auch erlaubt ist, den auszulachen, welcher sich durch dergleichen Dinge auszuzeichnen sucht.«
»Warum jemand desfalls auslachen? Es ist kindisch, nur auf dergleichen Dinge achtzugeben. Ich sehe nicht darauf.«

»Wirklich nicht? Prüfen Sie sich recht, ob Sie nicht darauf dachten, sich von andern auszuzeichnen, als Sie eine fremde Kleidung ausdrücklich wählten? Und dann prüfen Sie sich auch, ob Sie wohl in Versuchung geraten sind, sich in irgendeiner Gesellschaft im voraus als ein Mann anzukündigen, der an Verstand und feinem Sinne über alle weit erhaben ist? Wäre dies, so möchten doch wohl das dicke Halstuch und die langen Beinkleider mit der Geistesprätension etwas gemein haben. Wenn wir Sie nun darüber auslachten, ist dies Auslachen nicht gelinder als das verächtliche Lächeln, als das spöttische Achselzucken, womit Sie und Ihr Weisheitskamerad alles herabsetzten, was Sie in der Gesellschaft sahen? Prüfen Sie sich, ob Sie etwa durch Ihre Buchweisheit unvermerkt rechthaberisch wurden und entscheiden wollten, ohne auf die Gründe anderer zu hören? Ob Sie etwa geschwind widersprachen, ohne auch nur die feinen Nuancen der entgegengesetzten Gesinnungen zu empfinden?«

»Sollte ich mich so albern betragen haben? Das glaube ich doch nicht.«

»Ich hoffe auch nicht so sehr, daß Sie das Beiwort ›albern‹ verdienten, welchem Ihr Freund, der Kammerjunker, zuweilen nicht ganz mag entgangen sein. Aber soviel ist gewiß: schon ein Schriftsteller nimmt wider sich ein, wenn er sich mit Prätension und Dünkel ankündigt; wieviel mehr der Mensch in der lebendigen Gesellschaft! Da geben eine stolze Miene, ein verächtlicher Blick, ein wegwerfender Ton zu erkennen, daß jemand der Gesellschaft wenig schuldig zu sein glaubt, wegen welcher er sich so wenig geniert, daß er lange Beinkleider und einen struppigen Schwedenkopf trägt.«

»Was haben Ihnen meine kurzen Haare getan? Mir ist's bequem, sie abzuschneiden.«

»Ein Schlafrock ist auch bequem. Ginge jedermann darin – meinetwegen! Wer aber jetzt sich herausnähme, im Schlafrocke in eine Gesellschaft zu kommen, würde doch wohl zeigen, die Gesellschaft kümmere ihn wenig.«

Nun kam ein langer Disput vom Unterschiede zwischen Schlafröcken und struppigen Haaren. Ich gab ihm zu, daß die kurzen Haare für Soldaten dienlich sein könnten, sonderlich in Feldzügen, und daß meinetwegen auch Leute, die mir gleichgültig wären, Schwedenköpfe und Backenbärte über die ganze Gesichtslänge haben möchten, wie sie wollten; daß ich aber wünschte, er möchte sich auf andere Art auszeichnen; und endlich fuhr mir's heraus: er würde mir besser gefallen, wenn er sein Haar nicht so struppicht abschnitte!

So geht's, wenn man seinen Satz durchaus behaupten will, da überlegt man oft nicht jedes Wort. Die kurz abgeschnittenen Haare konnte ich nie hübsch finden; aber nie war mir diese Mode mehr zuwider, als seit sie Gustavs hübsches Gesicht entstellt. War's aber nicht zuviel, ihn wissen zu lassen, sein Gesichtchen würde mir hüb-

scher vorkommen, wenn ihm die Haare auf dem Kopfe nicht struppicht zu Berge ständen? Und was das allerschlimmste ist; Gustav
wird sich nicht einmal daran kehren; denn er ist ja ein Philosoph
und ein Schöngeist und muß sich also nicht einmal durch große
gelehrte Männer von etwas überzeugen lassen, geschweige denn
durch mich schwaches Werkzeug.

Weibchen! Ich bin so gutherzig und schreibe Dir ausführlich von
der Weisheit, die ich gepflogen habe. Da bildest Du Dir nun ein, das
geschähe, weil ich gern von Gustav schriebe. Du sollst mir nicht so
tief ins Herz sehen wollen. Es ist da gar nichts für Dich zu sehen.
Wenn ich Dir also künftig vielleicht wieder einmal lange Gespräche
mit ihm oder wer weiß was von ihm mitteile, so sollst Du gar nichts
daraus schließen. Gar nichts! Verstehst Du mich?

Julie S. an ...

Um diese Zeit machte Adelheid gewisser Vorfälle wegen eine
Reise nach H. Sie mußte sich da über drei Monate aufhalten. Der
nächste Brief ward aus H. geschrieben, die folgenden wieder aus D.

21.

– – – Gustav schreibt mir öfter. Es scheint zuweilen in seinen Briefen, als hätte er meine Worte in einem feinen, guten Herzen bewah-
ret. Aber die leidige Buchphilosophie dringt doch immer wieder
durch. So lange die im Kopfe sitzt, ist mit dem Herzen nicht viel
anzufangen. – –

22.

Wieviel länger hat meine Reise nicht gedauert, als ich wünschte!
Ich nahm den Rückweg über mein Landgut, welches ich dieses Jahr
noch nicht gesehen hatte. Je mehr ich mich näherte, desto mehr
erwachten in mir manche Bilder von vorigen Zeiten, frohe und traurige; doch behielten die frohen bald die Oberhand. Die ganze Gegend lachte vom Segen des Herbstes, frohe Winzer waren allenthalben im Tagewerke; mein Herz öffnete sich der Freude. Als ich ins
Dorf fuhr, hüpfte mir meine liebe Schuljugend entgegen und über-
raschte mich mit einem fröhlichen Herbstliede. Gustav hatte die
Worte gemacht. Er war mitten unter ihnen; und welche Verände-

rung, liebe Julie! Sein schönes kastanienbraunes Haar, vorn gescheitelt, hing in natürlichen Locken über seine Schultern herab. Lange hat mich nicht etwas so überrascht und – ich bekenne es gern – so gefreuet.

Ich bin nicht eitel wegen des Sieges meiner Überredungskunst. Meine Empfindung ist ganz anderer Art. Sie liegt mir näher am Herzen; ich weiß selbst nicht recht wie. Lavater sagt, wir Frauenzimmer wären gute Physiognomistinnen. Das bin ich auch, und besonders in Haaren, drum bin ich dem Kräuseln und Pudern so gram. Gustavs Antlitz siehet jetzt ganz anders aus, heiterer, unverdorbener von Prätension. Es ist, als wäre diese mit dem Backenbarte vermindert. Ich habe zwei sehr angenehme Tage auf dem Lande zugebracht, und unsere Zurückfahrt nach der Stadt gab auch einen frohen Tag. Man genießt sich besser, wenn man froher Laune ist. Das war ich von Herzen. Gustav zwar auch, doch mußte ich ihm Anstoß zum Frohsinne geben. Er war oft in Gedanken und erwachte gleichsam nur. Noch jetzt sitzt ihm immer ein trübes Wölkchen zwischen den schönen Augenbrauen. Doch das bilde ich mir vielleicht nur ein.

23.

Ich habe mich in Gustav nicht ganz geirrt. Bei aller seiner Gutherzigkeit, bei seiner zunehmenden Gefälligkeit gegen jedermann liegt doch in ihm noch ein großer Keim von Mißvergnügen. Ich schrieb dies dem unterbrochenen Verhältnisse mit der Frau von C. zu und schloß daraus, er habe sie stärker geliebt, als er selbst wohl geglaubt haben möchte. Ich jenem habe ich mich gewiß nicht, aber wohl in diesem geirrt, wie ich immer mehr merke. Er kann nur die Frau von C. noch nicht vergessen, ob er sie gleich verachtet. Sie hatte Schritte getan, um ihn wieder an sich zu ziehen. Er schrieb der Liebe zu, was eigentlich die Eitelkeit tat, und überließ sich anfänglich wieder seinen warmen Empfindungen. Aber die Erfahrung hatte ihn doch so viel scharfsichtiger gemacht, daß er bald unter dem Liebreize, womit sie ihn zu fesseln suchte, den falschen Schein bemerkte. Dies führte endlich zu einem Wortwechsel, bei dem sie sich noch mehr bloßgab; denn sie wird leicht heftig, wo ihr das Herrschen nicht gelingt. Nun ist der gute Gustav, dessen unbefangene Herzensempfindungen zweimal getäuscht wurden, im ersten Schmerze mißlungener Liebe. Dabei quält ihn auch ein geheimer Stolz, den ich nicht ganz tadeln kann; er findet sich gedemütigt, daß er sich so leicht hat hintergehen lassen. Zugleich aber ist auch in ihm eine gewisse traurige Empfindung, worein die edelsten Menschen leicht fallen, deren Herz wohl zur Anhänglichkeit, zur Teilnahme gestimmt wäre und die sich vereinzelt sehen. Freilich fühlt er noch nicht, daß der Grund seiner gänzlichen Vereinzelung größtenteils in ihm selbst liegt. Er hängt immer noch wie unsere meisten jungen Leute an überspannten Ideen. Ein Blick in die wirkliche Welt kann ihn aufheitern und heitert ihn auch eine kurze Zeit auf; aber sogleich fällt er in sein trauriges Ich zurück, und das Ich, wenn auch noch so hochgestimmt, steht allemal einzeln. Er kömmt den Menschen nicht entgegen und verlangt doch, sie sollen ihm entgegenkommen. Er tut nichts für sie, sie sollen alles für ihn tun. Das rührt daher, weil der liebe gute Gustav immer in Büchern und in Idealen gelebt und sich eine ganz eigene Welt in seinem Ich geschaffen hat, die er freilich außer sich nicht finden kann. Es dünkt ihn sogar noch etwas Großes, solche Ideenwelt zu schaffen. Er weiß nicht, daß jeder denkende und empfindende Mensch sich in seinem kleinen Ich eine große Welt baut, einer in Form von einem, ein anderer in Form von hundert spanischen Schlössern. Wie sollen nun die innern Welten zusammenkommen, wenn die Iche nicht zusammenkommen wollen?

Neulich besuchte er mich, trübsinniger wie jemals; denn er will sich für seine mißlungene Liebe durch Spekulation trösten, und das ist ein leidiger Trost. Ich war gerade in recht lustiger Laune, wollte seinen trüben Sinn und seine trübe Philosophie weglachen, aber da haftete keine Freude. Nun versuchte ich es mit trockenem Widerspruche. Zuweilen schlägt diese Arzenei an.

Ich sagte ihm, seine üble Laune sei ungerecht und unnütz.

Das meinte er nicht und beklagte mißmutig, daß die Vernunft bestimmt sei, in der ganzen Welt zu herrschen, und daß man doch allenthalben Unvernunft fände.

»Nicht allenthalben«, warf ich ein, »es herrscht viel Vernunft in dieser Welt. Die Hauptsache ist, daß jeder Mensch darauf bedacht sei, daß in ihm selbst die Vernunft herrschend werde. Dafür sorgen Sie nur, und lassen Sie die übrige Welt für sich sorgen.«

»Man sieht aber allenthalben soviel Elend als Unvernunft. Nirgend sind die Menschen, wie sie sein sollten.«

»Freilich! Die meisten Menschen handeln verkehrt und machen sich unglücklich, weil sie unvermeidliche Widerwärtigkeiten nicht ertragen, sondern immer ihren Willen haben wollen.«

»Verzeihen Sie! Die echte Moral lehrt uns, daß die Folgen der Dinge sowenig Bewegungsgründe unserer Handlungen sein müssen als unsere eigene Glückseligkeit. Es darf nur unser Zweck sein, der zugleich Pflicht ist, uns selbst vollkommen, andere hingegen glücklich zu machen.«

»Ganz wohl! Suchen Sie sich so vollkommen zu machen, daß Sie nicht eigensinnig und mißmutig über die Welt werden, so wird unvermerkt so viel Glückseligkeit über Sie kommen, daß Sie sich derselben kaum werden erwehren können. Aber Ihre Philosophie sagt: Wir andern sollen Sie glücklich machen? Bei Ihrer Stimmung ist dieses unmöglich, wenn Sie selbst nichts dazu tun wollen. Aber wissen Sie, was? Sie meinen ja, Ihre Pflicht sei, andere Leute glücklich zu machen. Machen Sie also mich so glücklich, daß Sie werden wie andere Menschen, damit Sie nach und nach fähig werden, die wirkliche Welt kennenzulernen. Sie bilden sich ein, die Menschen wären nicht, was sie sein sollten, weil Sie Menschen suchen, wie sie in Ihren Büchern stehen. Sie haben für das wahre Edle und Schöne in den lebenden Menschen keinen Sinn, solange Sie in Ihren hohen Idealen schweben oder Sie Ihre üble Laune antritt: die gewöhnliche Folge unzeitiger Idealsucht.«

»Warum sollte ich das Edle und Schöne an den Menschen nicht finden können, wenn es da wäre? Ich habe Augen und Ohren.«

»Sie sehen aber damit nur die Geschöpfe Ihrer Einbildungskraft und Ihres spekulativen Geistes; die Natur des lebenden Menschen kennen Sie nicht.«

»Ich werde allenthalben mißverstanden.«

»Ich verstehe Sie recht gut. Sie suchen etwas, wo nichts zu finden ist. Daran sind aber weder Welt noch Menschen, sondern bloß Sie schuld. Prüfen Sie sich, ob nicht andere von Ihnen mißverstanden werden.«

»Kann ich meinen Sinn und meine Überzeugung ändern? Ich kann mit niemand übereinstimmen.«

»Weil Sie nicht wollen. Haben denn andere Menschen nicht auch Sinn und Überzeugung? Warum sollen sich die nach Ihnen richten, nicht Sie nach andern? Wer nicht ein Teil des Ganzen sein will, vereinzelt sich selbst.« »Was kann ich dafür, daß ich Kräfte in mir fühle, die aber in mir ungenutzt vermodern?«

»Suchen Sie Gelegenheit, sie zu nutzen.«

»Ich fühle, was ich bin, fühle aber auch, daß ich nicht wirken kann unter Menschen, die kalt, fühllos sind und nur Sinn für das Niedrige und Gemeine haben.«

»Ich zweifle, lieber Gustav, daß sie recht fühlen, was Sie sind. Hören Sie aber an! Ist wirklich in der lebenden Welt für Sie nichts zu tun, so erschießen Sie sich. Werther ermordete sich. Warum nicht auch Sie?«

Er sprang auf: »Ist das der Rat, den Sie mir geben?«

»Warum nicht? Wenn Ihnen anders nicht zu helfen ist. Haben Sie aber hier noch etwas Gutes zu tun? Kann noch Ihr Geist für nützliche Geschäfte und Ihr Herz für Liebe und Freundschaft empfänglich sein, so bleiben Sie hier; aber sodann müssen Sie sich fein in die Welt schicken und nicht glauben, daß Sie die Welt reformieren könnten, ohne sie zu kennen.«

»Wie kann ich mich in diese Welt schicken? Mein Herz erwärmte sich; da fand ich Kälte unter dem äußern Anscheine der Liebe. Ich mag wohl für diese Welt nicht sein! Wer kann einen Menschen lieben, der in sich selbst alles findet und außer sich nichts finden kann?«

»Wer ihn weder verziehen noch zur Puppe für seine Eitelkeit brauchen will, sondern ihm die Wahrheit sagt, bis er seine Grillen weder für Weisheit noch für Unglück hält. Lieber Gustav! Lassen Sie Ihren Geist gesund werden. Im gesunden Zustande wirkt jede Kraft nach ihrer natürlichen Ausdehnung, ohne angestrengt zu sein. Sie haben sich lange gewöhnt, es für einen erhabenen Zustand zu halten, wenn Ihr Verstand und Ihre Empfindung im Rausche sind. Werden Sie nüchtern, und sehen Sie um sich, so werden Sie in der menschlichen Gesellschaft alles finden, was Ihnen Ihrer Meinung nach fehlt: Mut und Gelegenheit, Ihre Kräfte zu brauchen, Sympathie, Freundschaft und Liebe und Glück.«

Er sagte lächelnd: »Sie meinen, ich könnte Liebe finden, und wollen, ich soll nüchtern sein?«

»O ja! Sie selbst verlangten vorher, die Vernunft solle allenthalben regieren; also gebührt ihr auch die Herrschaft über die Liebe.«

»Über die Liebe? Die Liebe ist ein allverzehrendes Feuer. Erinnern Sie sich, wie Sappho die Empfindung ihrer Liebe beschrieb?«

»Die Liebe kennt ihr jungen Herren gewöhnlich nur aus Gedichten oder aus Romanen und Trauerspielen. O ja! Die Liebe in den Oden der Sappho kann ein verzehrendes Feuer sein; dies ist aber weder der Liebe höchster noch ihr edelster Grad. Die Liebe kann aus sehr tiefer Empfindung entspringen und tief ins Herz gehen und doch eine sehr sanfte Leidenschaft bleiben, welche die ganze Seele erfüllt, ohne sie der Herrschaft der Vernunft zu entziehen. Das Wesentliche der Liebe ist: Herzen zu verbinden, so daß eines durch das Glück des andern glücklich wird. Daher ist sie auch so mannigfaltig als die Arten der wechselseitigen Verbindungen und des wechselseitigen Glücks. Sie fängt an bei der untersten Stufe der Geselligkeit und macht jede Gesellschaft inniger. Das Verlangen, zu gefallen, die zuvorkommende Sorgfalt, daß andern wohl sei, der Sinn, sein Glück in dem Glücke anderer zu finden, sind ihre ersten Keime, welche zu hohen, fruchtbaren Bäumen aufwachsen können. In Romanen und Trauerspielen wird die Liebe nur so gebraucht, wie sie kann dargestellt werden, wie sie Wirkung tun kann auf den Leser und Zuschauer. Dies ist aber der wahren Liebe außerwesentlich; auch ist im wirklichen Leben die Liebe nicht so einseitig wie in Romanen, sondern regiert da in unendlich mannigfaltigem Graden und Abstufungen, welche alle darin übereinkommen, daß sie nicht können, ja daß sie nicht sollen dargestellt werden. Selbst der niedrigste Grad wahrer Liebe ist allzu heilig, als daß ein Dritter etwas davon fühlen soll. Daher hört auch die Romanenliebe mit der Heirat auf; denn in dieser Verbindung ist die höchste Stufe, welche liebende Herzen erklimmen können! Nicht Leidenschaft mehr (denn keine Leidenschaft ist dauernd), sondern innigste Fülle des Herzens, welche kein Wort ausdrückt und was auch der Roman und das

Schauspiel nicht leicht darstellen können, die aber allemal aus dem Keime der Geselligkeit entsteht. Prüfen Sie sich, ob ein solcher Keim in Ihnen Wurzel fassen kann, ob Sie Kräfte entwickeln können und wollen zum Besten anderer, so wird Ihnen nichts fehlen an der Fähigkeit, glücklich zu sein und glücklich zu machen, und dann können Sie das Erschießen noch aufschieben. Der Grad des Glücks wird bestimmt durch den Grad der Fähigkeit, für andere und in andern zu leben. Suchen Sie also diese Fähigkeit zu erwerben.«

Wir redeten noch manches hierüber, bis Gustav gedankenvoll nach Hause ging. Ich hatte ihm viel widersprochen, aber meiner letztern Rede widersprach er gar nicht.

24.

Meine Lektion mag wohl etwas gefruchtet haben, denn Gustavs Trübsinn nimmt nach und nach ab. Nach mancherlei lebhaften Gesprächen scheint ihm doch einigermaßen zu Sinne zu kommen, daß er nicht allein in der Welt ist und daß mit den Ideen, die er sich macht, nicht alles kann ausgerichtet werden. Es ist mir genug, vorderhand ihn aufmerksam gemacht zu haben auf sich und andere; seine eigene gesunde Vernunft wird dann nach und nach das Beste bei der Sache tun. Jetzt liegt sie noch immer unter den Fesseln des Spekuliergeistes. Doch hat er sich von dem Menschensinne seiner Jugend noch so viel zurückbehalten, daß er in Gottes schöne sinnliche Welt hineinschauen kann. Freilich muß man ihn ein wenig dazu anstoßen; er ist wie ein Ermüdeter, der aus dem Traume erwacht, um sich blickt, aber dem bald wieder die Augen zufallen, wenn man ihn nicht abermals etwas rüttelt.

Ich unterhalte mich oft mit ihm. Dabei geht mein bißchen Menschenkenntnis, soviel es kann, seinen Weg, aber weit mehr Gustavs Philosophie, die noch gar ergiebig ist und wovon ich auf diese Weise nach und nach recht viel erfahre, so daß ich, wenn ich stolz wäre, in der Gesellschaft der Frau von C. vielleicht schon ein wenig glänzen könnte. Doch bin ich sparsam mit solcher Gelehrsamkeit und suche unsere Gespräche nur zu Gustavs Nutzen zu lenken. Dabei gibt's dann mancherlei Gelegenheit, ihn sanft zu rütteln, damit er die Augen öffne und um sich schaue. Das möchte er auch wohl; aber kaum hat er etwas mit halben Blicken angesehn, so will er gleich aus der Spekulation in seinem Gemüte (so nennen die Leute jetzt das innere Kästchen, worin sie ihre Weisheit aufbewahren) festsetzen, wie es mit dem Dinge eigentlich beschaffen sein soll. Dabei kommt das Gespräch auch auf uns Frauenzimmer. Der Gegenstand wäre reichhaltig genug, nicht wahr, liebe Julie? Nur weiß Gustav viel weniger davon, als er sich einbildet. Er muß sich doch erinnern, wie sehr er sich vor kurzer Zeit an den ersten Weibern geirrt hat, die er kennenlernte; und dies sollte ihn darauf führen, sich erst noch mehr Kenntnis von unserm Geschlechte zu erwerben, ehe er darüber zu urteilen wagte. Aber er fängt lieber gleich beim Urteilen an, und da er wirklich gut spricht, so unterhalte ich mich gern mit ihm über uns. Versteht sich, daß ich ihn mehr selbst reden lasse und seine lehrbegierige Schülerin bin. Es erhellet aus seinem ausführlichen Räsonnement, daß unsere deutschen Imaginations-philosophen (so, wie sie durch ihre Spekulation alles beschließen und bestimmen, wie es sein muß und sein darf) auch über die Weiblichkeit erstaunlich viel in ihrem Gemüte festgesetzt haben, so daß sie auf ein Haar angeben können, wie unser Geschlecht ist und wie es sein soll. Gustav hat mir in seiner Unschuld eine Menge von dieser Weisheit über uns mitgeteilt und alles fein erläutert mit Beispielen aus »Meisters Lehrjahren«. Das hat mich sehr amüsiert. – Wie sich die jungen Weisen die Weiblichkeit vorstellen, soll ich Dir sagen? Das geht nicht! Du müßtest es selbst hören; aber amüsant ist es. Stelle Dir indes vor, wie wir nicht sind, so kommst Du dieser Buchvernunft ziemlich auf den Weg.

Dies alles sind nun noch Überbleibsel der Schulweisheit, welche Gustav mitbrachte. Sie fängt freilich an, sich etwas zu verlieren, aber sie hat ihm allzuviel Kopfbrechens gekostet, um sie sogleich ganz aufzugeben. Ich lasse ihn auch damit gehen, um dadurch sein Vertrauen zu gewinnen, weil ich seine Denkungsart näher erforschen will. Auch lerne ich armes ungelehrtes Weib sonst vieles dabei: denn daß diese Weisheit ganz unweise sei, wirst Du nicht glauben; nur ist sie größtenteils nicht für diese Welt unter dem Monde, sondern für eine ganz eigene Verstandes weit, wovon mir Gustav auch manches vorgesagt hat, worin aber, soviel ich sehe, nicht gut zu leben sein mag. Darauf mache ich meinen Gustav denn oft aufmerksam, und er verwickelt sich ziemlich in meine Zweifel, so daß er sich nicht anders herauszuhelfen weiß als durch den Machtspruch: die Vernunft gebiete, daß das, was er behauptet, so sein soll. Dawider darf dann kein Einreden gelten.

25.

Die Unterhaltungen mit Gustav werden täglich interessanter; denn durch Mitteilung unserer Meinungen haben sich auch unsere Gesinnungen genähert. Wir hatten sonst einander viel zu widersprechen und uns über vieles zu belehren. Das geschieht auch noch wohl zuweilen, aber wir kommen jetzt geschwinder überein, und – ich weiß nicht, wie es zugeht – auch alsdann haben wir uns noch so viel zu sagen, daß die Stunden unvermerkt verlaufen, bis wir scheiden müssen; und den folgenden Tag ist Gustav immer eine Stunde früher bei mir als sonst, und früher als sonst geht er nicht weg. Das bemerke ich und sage weiter nichts, aber es ist mir angenehm.

Liebe Julie! Wenn Gustav eine unrichtige Theorie vom weiblichen Geschlechte hat, wie ich Dir neulich schrieb, so weiß er doch recht gut (sei es nun Instinkt oder was es sei) die weiche Seite eines weiblichen Herzens zu finden. Dem, der uns nicht ganz zuwider ist, nähern wir uns unvermerkt, wenn er uns nachgibt und teil an uns nimmt. Ich denke, es ist nicht bloß Eitelkeit, daß ich ein gewisses Wohlgefallen in mir finde, meinen Gustav von so manchem überzeugt zu haben, so daß er mit mir weit mehr übereinstimmt als sonst, daß er gefälliger und angenehmer in seinem Betragen wird. Es ist wohl nicht bloß Selbstgefälligkeit, daß ich mich in dieser Veränderung genieße; aber welchen Namen hat denn das sonst, was ich empfinde?

Ich überlese eben, was ich schrieb, und finde mit einiger Bewegung, daß ich, ohne daran zu denken, »meinen« Gustav geschrieben habe. Das bedeutet nun nichts, denn ich schreibe an Dich so wie an mich selbst und darf vor Dir nicht rot werden; aber wenn dies nun an mich selbst geschrieben ist, so habe ich doch etwas an mir entdeckt, was ich vorher nicht so genau wußte. Ich darf auch vor mir nicht erröten, denn ich finde mich im vollkommensten Einklange mit mir selbst. Wenn aber nichts in mir mißtönet, so kommt es nur darauf an zu finden, welches der Grundton ist, der in meinem Herzen so leise anspricht.

Ich war neulich bei dem ersten schönen warmen Frühlingstage später im Garten geblieben, weil das kommende Grün und die laue Luft und der Vogelgesang mein Herz öffneten; der kühle Abend war herangekommen, ehe ich mich besann. Die Folge war erst eine Unbehaglichkeit und dann ein Flußfieber, das eine schlimmere Wendung drohte und mich über zehn Tage im Bette hielt. Es lag auf mir, daß ich meinen Gustav – das »mein« fließt mir abermals aus der Feder – einige Tage lang nicht sehen konnte wie sonst; aber mein Herz schlug voller, wenn man mir täglich zweimal seine persönliche Erkundigung nach meinem Befinden meldete. Ein paar Tage unterblieb die Erkundigung, welches mich unruhig machte. Er war verreiset. Wohin? Nach einem benachbarten, durch einen unglücklichen Zufall ganz abgebrannten Dorfe, wo er für die armen Leute, soviel er konnte, gesorgt, sie in Hütten untergebracht und ihnen die nötigsten Bedürfnisse gereicht hatte.

Dies Wohlwollen gegen Unglückliche schaffte in mir innige Zufriedenheit. Nachdem ich das Bette verlassen konnte, war sein erster Besuch eine Stunde voll Empfindungen, die ich lange in mir nicht gespürt hatte. Seine Teilnahme an meinem Wohlsein, meine Mitempfindung seiner Gutherzigkeit – wir waren drei Stunden zusammen, und ich glaube, wir sprachen langsamer als sonst: die Worte fließen nicht so geschwind, wenn man etwas zu sagen hat, wofür die Worte fehlen. Beim Abschiede drückte er mir die Hand, und sein schwarzes Auge sah sittsam in das meinige. Wir schwiegen beide. Als er mich verließ, fühlte ich mich ungewöhnlich bewegt.

26.

Dein Brief zeigt, liebe Julie, daß Du nachsichtig bist gegen mich. Du weißt, ich hatte von jeher ein liebendes Herz, und Du weißt auch, wie wenig ihm gegeben war und wie es seinen Empfindungen mit Anstrengung Raum schaffen mußte, damit die Pflicht nicht eine Last würde. Wir Weiber sind an schwere Gesetze und schwere Konvenienzen gebunden. An sich machen sie uns nicht unglücklich, nur insofern wir uns darüber wegsetzen wollen. Dies muß uns an unsere Pflicht binden, aber wieviel seliger ist, wer wie Du, liebe Julie, sich beständig seinen vollen Herzensempfindungen überlassen durfte! Diesem süßen Traume hänge ich jetzt nach. Gustav weckt in meinem Herzen die süßen Empfindungen voriger Zeit auf. Seine schöne Gestalt stellt mir lebhaft dar die Züge meines verstorbenen Mannes, zu der Zeit, da meine Freundschaft gegen ihn endlich in Liebe überging; aber sie stehen da in der holden Gestalt der blühenden Jugend, so wie die Züge des Ungetreuen, welcher meine erste Liebe hatte, als ich noch nicht wußte, wie wenig er meine Liebe verdiente – aber die schöne Gestalt, welche ich vor mir sehe, ist nicht die eines Unwürdigen. Das ist Gustav nicht; soweit habe ich ihn schon geprüft. Seine Fehler entspringen aus falscher Erziehung und Frühweisheit; sein Herz ist unverdorben. Ich male ein schönes Bild zusammen von allem, was mein Herz je liebte, und Gustav steht vor mir in diesem Bilde. Seine Empfindungen gegen mich, nur durch Anhänglichkeit an mich und durch Blicke ausgedrückt, erwecken in meinem Herzen einen süßen Schauer. Gustav selbst kann und soll dies nicht wissen.

Liebe Julie! Warum sollte ich meinen Regungen nicht freien Lauf lassen? Sie sind so unschuldig und tun mir so wohl. Ich denke doch, meine Vernunft soll immer fest genug sein, um der Empfindungen Herr zu bleiben, welche sich so unvermutet in meine Seele einschlichen. Laß mich in meinem unschuldigen, süßen Genusse!

27.

Es macht mich glücklich, liebe Julie, daß Du die Empfindungen billigest, welche jetzt mein Herz erfüllen. Sie sind zusammengesetzt aus allem, was ein menschliches Wesen beseligen kann. Die Sensualität gibt den vergänglichen Genuß des Augenblicks, die geistige Liebe dringt ein in jeden verborgensten Winkel unseres Herzens, sie vereiniget alles, sie vermischt, sie setzt auseinander, sie verändert, sie beseligt alle Empfindungen. Warum sind wir doch aber bei alledem nicht zur bloßen geistigen Liebe geschaffen? Weil wir gemischte Wesen sind und weil wir uns notwendig zerstören, sobald wir den Körper zum Nachteile des Geistes und den Geist zum Nachteile des Körpers pflegen. Darum haben wir mit den äußern Sinnen auch einen innern Sinn, der das Körperliche geistig macht, ohne dessen Natur zu verändern; darum hängt unsere innere Liebe an äußeren Gestalten. Die Empfindung der Kunstwerke weihet ein zu seligen Genüssen. Kennest Du ein höheres Kunstwerk der bildenden Natur als eine edle Seele in einem schönen Körper? Was sind dagegen

Raffaels und Correggios und Guidos und Albanis höchste Meisterstücke, unter denen ich in Italien ein Jahr lang schwelgte, als Schatten edler Seelen in schönen Gestalten! Man muß sie lieben, diese Schattenrisse des Höchsten in der Natur – aber sie können nicht wiederlieben!

Liebe Julie! Ob mich Gustav wiederlieben wird? Bei diesem Gedanken zittern die feinsten Schwingungen meiner Empfindung; wie könnte ich ihn deutlich denken! Meine Liebe ist in meinem Busen verborgen und soll nur in dein liebendes Herz überfließen.

Und doch wird Gustavs Blick jeden Tag eindringender.

28.

Ich sehe meinen Gustav täglich, er hängt an mir, ist unterhaltend, bescheiden, seine Worte sind herzlich, sein Blick ist seelenvoll; täglich finde ich ihn liebenswürdiger. Ich überlasse mich ganz den süßen Regungen meines Herzens. Wenn ich ihn nicht sehe, bin ich einsam, ich irre in den buschigen Gängen meines Gartens; die Frühlingssonne, die Blätter, die sich entfalten, die Blumenknospen, alles, was ich sehe und höre, scheint mir Liebe zu atmen. Ich wiege mich in diesem süßen Staunen, dem ich stundenlang mich hingebe; Gustavs Bild wandelt mit mir, es scheint meine innige Empfindungen zu teilen: in dieser holden Täuschung wird meine ganze Seele erfüllt von unnennbaren Gefühlen. Die Leidenschaften legen unser Herz offen; Gram und Reue zerfleischen unser Herz; die Tauben der Liebe schnäbeln es, so daß ein süßer Schauer durch alle Adern zittert.

29.

Du fährst fort, liebe Seele, mit der Leidenschaft, die jetzt mein ganzes Wesen ausfüllt, Nachsicht zu haben; noch mehr: Dein liebendes Herz macht meine Wonne inniger durch Mitgenuß. Ich fühle auch noch ganz die Seligkeit meines erneuerten Daseins, und doch kommt mir zuweilen in den Sinn: ich selbst sollte mit mir weniger Nachsicht haben. Wären wir bloß in der Welt um des Genusses willen, so wäre zum Seelenglücke ein Bedürfnis genug: das Bedürfnis gegenseitiger Liebe. Aber unsere Glückseligkeit ist auch an Ausübung geselliger Pflichten gebunden, und so entstehen für uns der Bedürfnisse mehrere. Wir brauchen Kultur, Arbeit, Sorgen, müssen uns helfen lassen und helfen; und durch diese Bedürfnisse entsteht abermals reiner Genuß, wenn sie von der Liebe Band durchflochten werden. Noch ist mein Wesen von Liebe durchdrungen, solange mein Gemüt nur in wonnevollem Staunen sich wiegt; doch wenn ich zu mir komme, wenn ich meinen Geist wende auf alles, was um mich ist, so sehe ich die wirkliche Welt, worin wir leben, welcher auch ich nicht entsagen darf. Es ist mir lieb, gefühlt zu haben, daß ich der Innigkeit der süßesten Leidenschaft fähig bin, aber doch auch sehr lieb, daß ich mich noch fähig fühle, nachzudenken über Leidenschaft und über mich selbst.

30.

Mein Entschluß ist gefaßt, liebe Julie! Ich muß suchen, des Übermaßes meiner Liebe Herr zu werden. Werde ich es können? Ich muß, liebe Julie! Wäre ich achtzehn Jahre alt, würde ich nicht wollen. Aber es ist der Vorteil einiger Jahre Erfahrung mehr, daß man sich selbst kennenlernt und auf die Folgen seiner Handlungen vorher achtet. Gustav selbst gibt mir Gelegenheit, meinen Entschluß zu befestigen. Das süße Hinbrüten, worin mein Geist lag, hat sich auch ihm mitgeteilt. Dies tat mir sehr wohl und ward die Quelle wonnevoller Augenblicke. Nachdem ich nun soweit aus der Trunkenheit der Empfindungen zu mir selbst gekommen bin, um meine und Gustavs Lage richtig zu überlegen, so sehe ich, daß dieser Wechsel von Empfindungen nächstens eine ernsthafte Erklärung von seiner Seite herbeiführen wird, welche ich auf alle Weise muß zu vermeiden suchen. Was würde die Folge davon sein? Sollte ich nein sagen? Liebe Julie! Ich könnte jetzt nicht, mein ganzes Wesen schwimmt in zärtlichen Gefühlen! Wüßte ich auch nein zu sagen, welche Wirkung würde dies auf Gustav tun, dessen Herz voll ist wie das meinige? Ach, ich könnte es nicht über mich gewinnen, ihn zu betrüben! – Ja sagen? Wie süß wäre der Gedanke, wenn ich bloß dem Gefühle meines Herzens folgte! Aber ich sehe weiter um mich in die Wirklichkeit. Wie sollen die süßesten Wünsche erreicht werden? Ich muß zurück, soviel es mich auch kosten wird. Ich habe von der Liebe und Heirat Erscheinungen genug gehabt, um das Gute und Schlimme davon zu kennen. Würde ich Gustavs Herz immer ausfüllen so wie jetzt? Ohnedies würde ich mich sehr unglücklich machen, und auch er könnte nicht glücklich sein; er fühlt so wahr und so rein! Doch ist er jetzt noch jung, kennet noch bei weitem nicht genug sich selbst und die Wege der Welt. Auf dem Entschluß zu dieser Heirat würde das Glück meines ganzen Lebens beruhen. Das verdient wohl ernstliche Überlegung. –

31.

Du bist besorgt meinetwegen, Du gute Seele, daß ich nicht etwas unternähme, was mir hernach allzuschwer werden und auf mich und Gustav eine widrige Wirkung haben möchte. Beste Freundin, ganz glaube ich noch nicht an mich selbst; und doch erfordert meine und Gustavs Lage, daß ich bei meinem Vornehmen festhalte, so schwer es mir auch werden wird. Wer nicht weiß, sich selbst zu gebieten, kann sich weder richtig beurteilen noch sich selbst regieren und wird von seinen eigenen Wünschen fortgerissen, wenn er es am wenigsten glaubt. Selbst unsere edelste Leidenschaft bedarf des Zügels der Vernunft. Das wesentlichste ist: ich muß einer ernsthaften Erklärung Gustavs schlechterdings auszuweichen suchen, welche, wie ich wohl merke, ihm auf den Lippen schwebt. Das übrige wird sich nach und nach finden.

Unsere Verbindung will ich keinesweges aufheben. Das könnte ich nicht. Aber ich will diese Verbindung brauchen, um ihn wider sein eigenes philosophisches Gebot vollkommener zu machen. Ich will ihm ein Hauptmotiv zum Guten und Edlen werden, durch seine Liebe gegen mich. So dachten die alten Ritter. Sollte ein gelehrter Jüngling durch Weiberliebe schwerer zu führen sein als die breitschultrigen Dickköpfe mit Harnischen und Schlachtschwertern? Durch Liebe, glaub' ich, kann jeder zum Guten erzogen werden, der nicht festgesetzt ein Egoist ist; und das ist Gustav nicht. Ob ich ihn für mich selbst bilden werde? Liebe Julie, das ist ein zarter Gedanke, den ich noch nicht deutlich denken darf. Wenn seine Liebe wahrer ist als seine Philosophie, so hoffe ich, es soll aus der größern Vollkommenheit, wozu ich ihn gern führen möchte, auf alle Weise Glückseligkeit für mich entspringen – und auch für ihn.

Da ich nun meinen Entschluß fest gefaßt habe, fange ich an, wieder ruhig zu werden. Es war eine süße Ekstase, worin ich wallte, aber ich war außer mir und also unfähig, mich selbst richtig zu sehen. Mit meiner Besinnung kommt auch mein froher Mut wieder, und ich fühle, ich habe ihn nötig; daher zwinge ich mich sogar, ihn zuweilen wieder bis zum Mutwillen zu treiben. Es soll ein gutes Mittel wider die Furcht sein, so laut zu pfeifen oder zu singen, als es angehen will; wäre es denn nicht auch ein gutes Mittel, verborgene Liebe zu verhehlen, wenn man es über sich gewinnen kann zu scherzen? Und verhehlen muß ich notwendig die Gesinnungen, welche das Innerste meines Herzens beseligen, ohne doch bei meinem Geliebten die Hoffnung zu ersticken, daß sie ihm einst offenbar werden; denn nur durch diese Hoffnung kann ich auf ihn wirken – zu seinem Besten.

32.

Du bleibst dabei: es wäre ein mißliches Unternehmen, ihn durch die Liebe bilden zu wollen? Du meinst, die Bildung würde bald von der Liebe überwältigt werden? Ach, ich sehe die Möglichkeit hiervon wohl ein; aber ich mache mir Mut, der Überwältigung zu widerstehen. Mein Grundsatz ist, daß die Vernunft auch in der Liebe ihre Kraft nicht verlieren muß.

Es gehe nun, wie es wolle, liebe Julie! Ich suche doch nach allen Kräften meinen Vorsatz auszuführen. Die Hauptsache ist, daß Gustav gesellig werde, und dazu ist der erste Schritt, daß er sich in Gesellschaften aller Art schicken lerne. Wenn ich dies erlange, kann ich ganz ungezwungen unsere bisherigen Zusammenkünfte unter vier Augen vermindern, damit nicht unvermutet eine Erklärung von ihm erfolge. Selbst unsere vertraulichen Unterredungen kann ich auf mancherlei Dinge lenken, die in Gesellschaften vorfallen und ihnen dadurch eine Wendung geben, welche meinem Zwecke gemäß sind, ihn von seinen selbstsüchtigen Idealen ins wirkliche Leben zurückzuführen. Ich habe schon unter mancherlei Verwände versucht, ihn in mehr Gesellschaften einzuführen. Du glaubst aber nicht, wieviel Schwierigkeiten es macht, ihn dazu zu bringen. Auf einen Grund seiner Weigerung wußte ich fast nichts zu erwidern. Er sagte mir ganz naiv: »Wozu bedürfen wir Gesellschaft – sind wir beide uns nicht Gesellschaft genug?« Ich mag ein wenig rot geworden sein, wenigstens konnte ich ein paar Sekunden lang nicht antworten. Ich setzte ihm sodann auseinander, daß vermischte Gesellschaft ihm zur Menschenkenntnis und zur Bildung seines Charakters sehr nützlich sein würde. Aber da gab er mir eine Ursache an, warum er nicht in gemischte Gesellschaft gehen müsse. Die Ursache war gar zu nippernäppsch. Du würdest sie nimmermehr erraten. Nächstens will ich Dir ausführlich schreiben, was ich mit ihm darüber verhandelt habe.

33.

Also ich will Dir's sagen, warum Gustav vermeiden wollte, in gute Gesellschaft zu gehen: der arme Mensch befürchtet, sein idealisches Dichtertalent in der guten Gesellschaft zu verderben.

Sollte man sich vorstellen, daß solch Zeug in Köpfe kommen könnte, welche noch verlangen, für vernünftig gehalten zu werden? Gewisse vornehme Gesellschaft möchte noch eher den Dichter verderben, wenn er nämlich sich zu schmeicheln gewöhnt; aber gute Gesellschaft?

Gleichwohl versicherte Gustav mit der ehrbarsten Ernsthaftigkeit, es wären unter den neuesten feinen deutschen Kennern allgemein als bewährt angenommene Maximen, »daß die gute Gesellschaft, besonders in einer großen Residenzstadt, für den Künstler eine gefährliche Klippe sei ... und daß ein Dichter, der zu sehr in der unpoetischen wirklichen Welt unseres Zeitalters lebe, die reine Liebe zu seinen Idealen verliere«.[9]

»Wenn ich böse wäre«, versetzte ich, »lieber Gustav, so könnte ich sagen, Sie würden viel gewinnen, indem Sie diesen idealischen Prunk verlören. Wenn die Dichter so zärtliche Pflänzchen wären, daß sie verwelkten, sobald ein Unideal sie anwehte, müßten sie armselige Geschöpfe sein. Das wahre Ideal in den Künsten ist dem Geiste, der es fassen kann, tief eingeprägt; die widrigsten Begebenheiten des Lebens können es nicht vertilgen; wie könnte es der tägliche Umgang tun? Klopstock hat einen großen Teil seines Lebens in der guten und unpoetischen Gesellschaft einer großen Residenz gelebt, und selbst Shakespeare lebte unter den vornehmsten Leuten

---

[9] Es muß dies wohl wirklich in der neuern deutschen schönen Welt festgesetzt sein; denn in der »Jenaischen Literaturzeitung« (v. J. 1796, Nr. 170) werden ebendiese Sätze behauptet.

des großen London. Haben nicht Voltaire und Diderot ihr Leben in der besten Gesellschaft ihrer Nation zugebracht?«

Gustav sagte spöttisch lächelnd: »Die beiden letzten führen Sie ja nicht an! Es waren ganz gute Leute, aber die höhere Bestimmung, den echten dichterischen Gehalt, die idealistische Stimmung und besonders die Wahl eines idealistischen Stoffs ist nie in ihr Gemüt gekommen.«

»Lieber Gustav! Ich wünsche euch allen, daß ihr weniger pompöse Worte machen und einmal ein Werk schreiben möchtet, das Kennern und Nichtkennern gefiele. Dergleichen hat Voltaire geschrieben und hat auf ganz Europa mehr gewirkt, als unsere Schulphilosophie und Idealpoetik jemals auf den zehnten Teil der deutschen Nation wirken werden. Sie können immer in gute Gesellschaften gehen, ohne Furcht, Ihrer Poesie zu schaden. Die Römer verlangten doch von ihren Schriftstellern Urbanität; was ist das anders als der Ton der guten Gesellschaft?«

»Verzeihen Sie! Die Römer können Sie mir nicht anführen, sowenig wie die Franzosen. Der deutsche Dichter muß eine Originalität zeigen, wovon jene keinen Begriff hatten. Der Deutsche, wenn er bloß den Eingebungen seines Genies überlassen ist, macht strenge Forderungen an sich. Eine gewisse Eleganz erreicht er nicht; er unterscheidet sich durch idealische Stimmung und Wahl eines idealischen Stoffs.«[10]

»Seit wann wäre denn das der Charakter der deutschen Dichter überhaupt? Oder ist seit einiger Zeit etwas in die deutsche Nation gekommen, was erfordert, daß für sie die Dichter am besten wären, die eine eigenmächtige, selbstgefällige, idealische Stimmung suchen und unvermögend sind, eine gewisse Eleganz zu erreichen? Oder ist's nicht nötig, daß deutsche Dichter für deutsche Leser dichten? Wo wäre denn die Nation oder das Publikum, das eine unelegante ideale Deutschheit verlangte? Etwa in solchen Klubs wie der bei Frau von C., wenn die Pandolfi darin präsidieren? Aber ich weiß wohl, es gibt unter uns seit einigen Jahren Zirkelchen von eingebildeten Leuten, welche sich und die ihnen angehören ausschließend

---

[10] Ebendieses wird ausdrücklich behauptet in dem angeführten Stücke der Literaturzeitung.

für die deutschen Dichter halten und eigentlich nirgends zu Hause sind. Bald sitzen sie bei den Griechen, bald bei Shakespeare, bald bei Dante, bald bei Gozzi, das heißt: überall und daher nirgends. Sie haben keinen Standpunkt für ihr eingebildetes Große und Schöne; sie wollen so empfinden und so schreiben, wie sie nicht sind und wie niemand ist, und das nennen sie Deutschheit. Ideal heißt ihnen bald dies bald das, und es ist oft nichts als eine eingeschränkte, verpfuschte Erfahrung, individualisiert durch selbstgefällige Theorien. Diese Leute wollen immer viel mehr, als sie können. Unvermögend, das Natürliche in seiner Simplizität zu veredeln, suchen sie nur das, was fremd und exzentrisch ist, verachten ihr Zeitalter, das sie nicht kennen, und werden ihren Zeitgenossen täglich unbedeutender. Sie machen ihre Gedichte eigentlich nur für sich selbst und für ihren Zirkel, wo einer den andern ungeheuer lobpreiset; daher gefallen sie sich freilich niemals in guter Gesellschaft. Da gilt ihre Prätension nicht für Verdienst, und bei ihnen selbst verlieren sich ihre vermeinten hohen Ideale und erscheinen als Schwachheiten, sobald sie Menschen kennenlernen, die besser sind als sie selbst. Den Gedankenwechsel und die Nahrung des Geistes im gebildeten Umgange rechnen dergleichen Leute für nichts; denn sie sind ihnen unbekannt. Daher ist die gute Gesellschaft wirklich eine gefährliche Klippe für Dichterlinge, weil sie darin in ihrem Nichts erkannt werden; für den wahren Dichter und Künstler ist sie eine Schule der Menschenkenntnis und der guten Lebensart. Auch an der letztern sollte es einem großen Dichter nicht fehlen, wenigstens wird er deshalb nicht groß, weil es ihm daran mangelt. Freilich können Verstöße gegen die gesellschaftlichen Konvenienzen nicht hindern, daß jemand Genie habe; aber die Vernachlässigung dieser Konvenienzen ist noch kein Zeichen von Genie, wie sich so manche Leutchen einbilden, welche überhaupt das Genie in den Fehlern suchen. Diese Leute mögen immer bei ihren Büchern bleiben, nur müssen sie nicht für Menschen schreiben wollen, ehe sie Menschen haben kennenlernen.«

Dies und anderes sagte ich. Meine Liebe zu ihm machte, daß ich noch strenger redete, um ihn desto eher aufmerksam zu machen. Überzeugt habe ich ihn schwerlich, aber ich werde doch fortfahren, ihn in Gesellschaften zu bringen. Er liebt mich und will also sein, wo ich bin, und das übrige wird die gute Gesellschaft selbst tun.

Der Umgang mit gebildeten Menschen aller Art ist den exzentrischen Schiefköpfen, was den Kranken die reine Luft: sie genesen schon durch die bloße Existenz darin.

34.

Gustav hat mir schon in einige Gesellschaften folgen müssen. Seine natürliche Vernunft und Anmut kommen hervor, sowie er die Prätension zur Weisheit ableget. Er ist unterhaltender und gefälliger geworden, nicht so rechthaberisch und einseitig als vorher. Gestern waren wir auf einem großen Balle. Beinahe erkannte man dort den stieren Schwedenkopf nicht wieder. Sein schön gelocktes Haar war leicht gepudert, sein Auge durchdringend, seine Wangen blühten von Gesundheit, ein dunkelstahlgrauer Frack und ein weißes Gilet umschlangen mehr seinen schönen Wuchs, als sie ihn bedeckten. Die Mädchen gafften ihn an. Es war da viel blühende Jugend. Gustav war heiter und gesprächig und belebte die Konversation durch seine muntere Laune. Die Schönsten und Geistvollsten unseres Geschlechts sammelten sich um ihn. Er tanzte mit mir. Mein Herz klopfte, als er mit mir Hand in Hand die Reihen herabflog; die Musik war allerliebst und der Kontretanz simpel mit vier angenehmen Touren, wie sie nicht mehr recht Mode sind; denn wir Deutschen verstehen uns darauf, unser Vergnügen durch Kunst zu verderben. Wir gehen mit den um wie mit unsern Tischliedern, die nur von wenigen gesungen werden können, und wie mit unsern Suppen, die wir beinahe zu Kompotten machen. Wir tanzen englisch und französisch und wilde Walzer, bis alles übermühet und schwerfällig aussieht. Was ist schöner als blühende Jugend, welche im leichten Frohsinne dahinschwebt? Aber kaum ist jetzt eine Stunde vorbei, so lechzet alles, die Gesichter glühen, der Schweiß trieft, alle Grazie verschwindet. Die Tanzenden sehen aus, als seufzten sie unter der Last einer Fronarbeit.

Ich hatte schon eine Zeitlang nicht getanzt; denn ich mag gern aufhören, ehe ich befürchten darf, das Ansehen einer Bacchantin zu haben, und ich wünschte, meine schönen Landsmänninnen wären wenigstens eitel genug, dem Tanze zu entsagen, ehe er entstellt. Man hatte ein paar verwickelte, langweilige Quadrillen, jede von sechzehn Touren, gehüpft. Die Musik schwieg. Die ermüdeten Tänzer wischten sich den Schweiß, die Tänzerinnen, die nicht vom

Platze gekommen waren, schnappten nach Atem. Gustav hatte schon eine Zeitlang an meiner Seite gesessen. Er stand auf, Amalie L. zu einem Walzer aufzufordern.

Du kennst noch nicht das holde Geschöpf, das ich nie ansehen kann ohne ein gewisses Interesse meines Herzens. Sie hielt sich seit ihrem zehnten Jahre bei ihrer Tante in T. auf, da ihre Mutter, wie Du weißt, bald nach ihres Vaters Tode vor Gram starb, und hat einen Teil des vergangenen Winters in D. zugebracht. Sie geht nun ins achtzehnte Jahr, blond, als wäre sie ein altdeutsches Mädchen, ein Wuchs gleich der antiken Psyche, die den Amor umarmt, die feinste Haut, eine gewölbte Stirn, große blaue Augen voll Ausdruck, eine zarte, fein abgerundete Nase, volle, wenig rote Wangen mit einem feinen Grübchen, die Adern blaßblau angedeutet, die schönsten Zähne, Lippen hochrot, voll Lieblichkeit. Sie war in leichtes weißes Linon gekleidet, hochgeschürzt mittelst einer goldenen Schnur mit langhangenden Troddeln, einen Kranz von Kornblumen in den blonden Haaren, an ihrem Busen schwankte eine volle Rose. Als Gustav mit ihr auftrat und der Musik winkte, waren alle Augen auf das Paar gerichtet. Als sie nach einigen Takten sich mit natürlicher Anmut wendeten (sein rechter Arm über ihrem Gürtel, ihre linke Hand auf seiner Schulter, die rechte nachlässig herabhangend), folgte ihnen ein allgemeiner Blick der Bewunderung. Das Walzen soll der Tanz vertrauter Zuneigung sein; so erschien es hier. Nicht das zierliche Verschlingen der Allemande, das die Franzosen aus dem deutschen Walzer verparisierten, so daß jede Wendung sagt: Sieh mich an, wie galant ich bin! Nicht das sorglose, wilde Schwingen des schwäbischen Bauern, nicht der üppige Wirbeltanz, den Werther, gar recht, seinem Mädchen mit keinem ändern gestatten wollte. Beide wendeten sich mehr, als sie sich drehten, ihre schlanken Gestalten entwickelten sich langsam und voll Anmut, die Augen aufeinander gerichtet, sittig ohne Gleichgültigkeit; jeder schwebte an des ändern Seite, ohne familiär aneinanderzuhangen, die Arme graziös abgewechselt ohne plumpes Umfangen. Solange sie in dem weiten Zirkel aneinander schwebten, wagte es kein anderes Paar, ihnen nachzuwalzen; als er stand und sie mit einem Handkusse voll Ehrerbietung nach meinem Sitze führte, erfüllte den Saal ein allgemeines Murmeln des Beifalls. Amalie L. kam auf mich zu, indem ich aufstand, schlug ihren Arm um mich und drückte einen warmen Kuß auf meine Lippen. Sie flüsterte mir ins Ohr: »Herr B. ist jetzt ein ganz anderer Mensch. Ich hätte ihn kaum gekannt, wahrlich, er ist liebenswürdig geworden! Das ist Ihr Werk!«

Sie war so selig. Das fuhr in mich, weil's so unvermutet kam; ich glaube, ich sah ein wenig schafmäßig aus.

Liebe Julie! Wenn ich einen Augenblick nicht mit mir selbst übereinstimmen könnte, so würde ich mich schämen vor dir – das heißt vor mir selbst.

35.

Die gute Gesellschaft hat meines Gustavs poetische Ader nicht verdorben. Eben bringt er mir ein Gedicht an Lydien, das heißt an mich. Er hat seine Empfindungen, die er sich nicht geradezu zu entdecken getraut, mit zarter Zurückhaltung sanft durchscheinen lassen; es ist wahrlich das Beste, was er gemacht hat. Du weißt, daß ich nicht parteiisch urteile. Ich muß Dir sagen, ich schätzte es noch weit mehr, wäre es nicht an mich gerichtet. Stände es in einem Musenalmanache, so würde eine Leserin vielleicht dabei Feuer fangen, wie Du vermutlich auch. Aber ein Liebhaber, der im ersten Taumel der Liebe davon so schön reden kann, läßt die Geliebte kalt; es wäre denn, daß er einen Weg zu ihrer Eitelkeit fände. – Das Gedicht ist innig, es ist herzlich; aber es ist ein Gedicht und ist schön; die paar shakespearischen Tiraden zeigen mir ganz leise, daß er sich besann und suchte. Die wahre Empfindung sucht nicht. Wenn er mehr Gedichte auf mich macht, so werden sie immer schöner werden: das zu glauben, bin ich eitel genug; aber mich wird er von der Liebe heilen. – Von seiner Liebe dichten? Das kommt mir vor, als wenn jemand seinen Schmerz malen wollte! Was der Dichter besingt, beherrscht ihn nicht.

36.

Gustav sieht mich täglich, und Du kannst denken, daß ich ihn gern sehe. Unsere Herzen nähern sich; aber trage keine Sorge, liebe Julie, sie werden sich auch noch mehr nähern, aber nicht bis zur Vereinigung. Dieses ist mir immer noch ein süßer Gedanke, den ich selbst einsam gern denke; aber ich denke auch sogleich, daß ich zurück muß. Meine Liebe soll nicht weitergehen, als ihn so zu zie-

hen, daß er des Glücks der Liebe wert werde. Das ist hohe Philosophie, würde Gustav sagen, wenn er meinen Sinn wüßte; und doch,
wenn ich tiefer in mich sehe, so erblicke ich nichts als bloße, bare
Klugheit. Du glaubst nicht, wie verächtlich die Philosophinnen bei
der Frau von C. die Klugheit ansehen. Die Vernunft, sagen sie, soll
gebieten und die Klugheit nur guten Rat geben. Gerade als ob die
Klugheit den Rat, den sie geben kann, anderswoher nehmen könnte
als aus der Vernunft, wovon sie ein Teil ist. Ich wenigstens kenne
keine unvernünftige Klugheit!

Meine Klugheit wird sich wirklich von der Vernunft noch viel Rat
müssen geben lassen, ehe ich meinen Gustav auf den Weg bringen
kann, wohin ich ihn zu führen wünsche. Es fällt ihm noch schwer,
sich ganz in Gesellschaften zu schicken; er gefällt sich selten darin.
Außer der allgemeinen Höflichkeit, wodurch freilich sein Äußeres
viel gewonnen hat, achtet er wenig auf alles, was um ihn her vor-
geht, ausgenommen auf mich; wäre dies nicht, so würde er in der
größten Gesellschaft allein sein. Selbst wenn er mit jemand gesprochen hat, fällt er gleich in sich zurück. Ich wünschte ihn tätig zu
machen, damit er an der wirklichen Welt Anteil nehmen und so
viele Kräfte, die in ihm schlummern, entwickeln möchte. Wie ich
das aber angreifen soll, weiß ich wahrlich nicht, denn es ist sehr
schwer, ihn zu etwas zu bereden, was er nicht selbst will. Diese
Selbständigkeit an sich gefällt mir zwar; aber Selbständigkeit, welche zur Untätigkeit führt, kann nie meinen Beifall haben.

37.

Unser Vetter, der Oberst, hat lange gedient und mit Ehre. Er forderte seinen Abschied, weil ihm ein Höfling vorgezogen ward und
gleich ein Regiment bekam, ohne anders als durch Tragung einer
Uniform gedient zu haben. Der Abschied ward ihm unverweilt
gegeben und er dadurch in eine unangenehme Lage versetzt. Der
Versuch, in fremde Dienste zu treten, mißlang wiederholt. Es blieb
ihm nichts übrig, als seine Pferde und besten Mobilien zu verkaufen
und aus dem wenigen, was er im dreißigjährigen Dienste hatte zu-
rücklegen können, ein Kapital zu machen. Es war zu klein zu seinem Unterhalte; er gab es also auf Leibrenten, da dann seine Einkünfte gerade hinreichten, um bei der größten Frugalität anständig
leben zu können. Aber die Leute in T., welche die Zahlung über-

nommen haben, handeln gewissenlos. Sie finden Schikanen aus einigen Worten des Kontrakts und haben seit einiger Zeit weniger und seit kurzem kaum den vierten Teil dessen gezahlt, was dem Obersten rechtmäßig zukommt.

Dies erzählte ich unserm jungen Manne, welcher sein Gefühl für Recht und Unrecht sehr lebhaft äußerte. Ich wendete darauf das Gespräch auf die Pflicht, welche Menschen gegeneinander haben, sich tätig zu helfen. Er brachte viel trockene Weisheit hervor über die Pflicht, wie es damit beschaffen wäre und daß sie ein Gebot der Vernunft wäre und daß die Gebote der Vernunft unbedingt gelten müßten und dergleichen mehr.

Ich fiel ihm in die Rede und fragte ihn kurz: »Glauben Sie nicht auch, Pflichten zu haben? Müssen Pflichten nicht tätig sein? Meinen Sie, daß müßig über Pflichten zu spekulieren und einige Gedichte zu machen, Tätigkeit sei? Ich bin ein Weib; wäre ich aber ein Mann und hätte die Rechte studiert wie Sie, so würde ich es für Pflicht halten, zum Besten meiner der Rechte unkundigen Verwandten meine ganze Tätigkeit anzuwenden.«

Er sagte viel allgemeines Zeug über die Spitzfindigkeit der Rechte und über die Trockenheit der Beschäftigung damit.

»Ich frage, ob Sie glauben, eine Pflicht auf sich zu haben, Ihrem Vetter mit Ihrer Einsicht zu helfen? Sie haben eben behauptet, jede Pflicht wäre unbedingt geboten, also tut die Trockenheit der Beschäftigung nichts zur Sache, und die Spitzfindigkeit der Rechte macht es noch notwendiger, Ihre Pflicht zu erfüllen.«

Er sagte, er wolle gern die Hälfte seiner Einkünfte mit dem Obersten teilen, nur nicht Prozesse führen.

»Also anstatt durch Ihre Tätigkeit ihm zu helfen, wollen Sie lieber in Untätigkeit ihm Almosen geben? Meinen Sie, daß er das annehmen wird, daß er das annehmen kann?«

Er errötete und stammelte, er wolle an einen Advokaten ...

Ich fiel ihm in die Rede: »Sie selbst sollen tätig sein.«

Er stotterte noch einige Ausflüchte; ich sagte ernst und trocken: »Sie wollen also leiden, daß die Schikanen dem Obersten ungestraft unrecht tun?«

Bei dem Worte »unrecht« ward seine Empfindsamkeit erregt. Nach einigem Wortwechsel erhöhete sich sein Unwillen, erwärmte sich sein edles Herz. Nun war die Zeit, ihm zu sagen: wenn er solcher Tätigkeit fähig wäre, würde ich ihn höher schätzen, er würde mir werter sein.

Das Wort sprach ich wirklich etwas leiser aus. Ob's etwa deshalb ihn mehr traf? Sein Auge ward heller, er küßte mir die Hand zum ersten Male.

Er ging zum Obersten, ließ sich die sämtlichen Papiere geben, las unermüdet, unterrichtete sich von allem, fragte Rechtsgelehrte, und nun ist er wirklich nach T. abgereiset, um an Ort und Stelle die Sache persönlich zu betreiben.

38.

Ich habe seit fünf Wochen meine Lust an Gustavs Tätigkeit gehabt. Er reisete hin und her, wendete alles an, suchte alle Instanzen, wo Hilfe zu hoffen war, entdeckte die Schleifwege der eigennützigen Schuldner und trieb sie dadurch dergestalt in die Enge, daß sie nun neue Sicherheit gegeben haben und die Sache ganz zum Vorteile des Obersten geendigt ist.

Ich bin sehr froh darüber, des Obersten wegen, aber auch Gustavs wegen. Dieser hat durch seine Tätigkeit in der kurzen Zeit auch seine Weltkenntnis sehr vermehrt. Er erzählte mir mehrmals, welche seltsamen Menschen er bei diesen Unterhandlungen hat kennenlernen. Er meint zwar, die meisten wären sehr gemein, aber ich behaupte gegen ihn, der gemeinste Mensch könne lehrreicher werden als eine leere höchste Idee. Er kann mir wenigstens nicht absprechen, daß Kenntnis wirklicher Menschen auch die Imagination erhöhet; denn er fühlt sich lebhafter nach dieser seiner ersten Tat.

N.S. Er hat auf dieser Reise auch Amalie L. gesehen. Er erzählt mir oft von ihr und kommt immer wieder darauf. Er soll mir nicht wieder nach T. reisen. Der kleine Bösewicht könnte mir untreu werden!

39.

Ich möchte meinen Gustav gern ferner im tätigen Leben wissen und habe sogar schon ein Wort fliegenlassen von Annahme eines Amts. Aber davon will er nichts hören.

Er schilt auf die Geschäftsleute. Ich verteidige sie. Wer Ordnung in der menschlichen Gesellschaft hält, ist mir ehrwürdiger als ein bloßer Spekulant.

Das läßt er allenfalls gehen, aber er pocht auf seine Geistesgaben. »Ich habe«, sagt er, »niemand gekannt, dem es geglückt wäre, seinen Geist zu erweitern, ihn über unzählige Gegenstände zu verbreiten und doch die Tätigkeit fürs gemeine Leben zu erhalten. Sagen Sie mir nichts von Aktivität, Sie werden mich nicht ins Joch schwatzen.«

»Sprechen Sie hübsch Ihre eigene Gedanken; das ist geradezu aus ›Werthers Leiden‹ gestohlen.«[11]

»Und wenn's nun wäre! Werther hat recht.«

»Recht? Goethe hatte recht, dies Werthern in dem Charakter und in der Lage sagen zu lassen, worin er ihn einmal gesetzt hatte; aber wenn es jemand als eine Wahrheit nachsagt, die im wirklichen Leben gelten soll, so irret er sich sehr. Werther ist nichts als ein Romanencharakter, und in der wirklichen Welt soll man nicht Romane spielen wollen. Der Charakter Werthers ist trefflich geeignet, um Wirkung in der Lektüre zu tun, trefflich geeignet, daß der Leser äußerst erschüttert werde durch die Situationen, worein dieser Charakter voll Kraft, Edelmut, tobender Leidenschaft, Müßiggang und Starrsinn sich selbst ganz natürlich setzt. Aber wer im wirklichen Leben Werthers Denkungsart und Handlungsweise nachahmen will, ist ein Narr.[12] – Sehen Sie mich nicht mit so großen Augen an;

---

[11] »Leiden des jungen Werther«, Zweites Buch, S. 149.

[12] Lessing sagt ebendies etwas gelehrter, da er, um das Unheil zu verhüten, welches dies warme Produkt (wie er's nennt) leicht stiften könnte, wünscht: »... daß Goethe ein paar Winke gegeben hätte, wie Werther zu einem so abenteuerlichen Charakter gekommen; wie ein anderer Jüngling, dem die Natur eine ähnliche Anlage gegeben, sich davor zu bewahren habe. Denn ein solcher dürfte die poetische Schönheit leicht für die moralische nehmen und glauben, daß der gut gewesen sein müsse, der unsere Teilnehmung so stark beschäftigt. Und das war

ich sage nochmals: ein Narr, bis in seinen Tod ein Narr, der im wirklichen Leben nicht geschätzt zu werden verdient, wenngleich Goethe einen Romanencharakter aus Gutem und Bösem so zusammengesetzt hat, daß der Leser ihn bedauert und durch seinen Tod erschüttert wird. Dieser Romanencharakter konnte und mußte wider das tätige Leben sprechen und mußte müßig herumwallen, sonst hätte ihn der Autor nicht bis zum Erschießen bringen können. Daß aber niemand seinen Geist erweitern könne, der in der menschlichen Gesellschaft Tätigkeit beweiset und deshalb nicht immer seinen Launen folgen kann, ist eine Unwahrheit. Shakespeare war ein Schauspieler.

Dante arbeitete in Staatsgeschäften; so auch Rubens. Raffael konnte seinen Stoff nicht nach seinem Ideal wählen, mußte sogar auch Zimmer ausmalen. Correggio trug sein sauer erworbenes Kupfergeld selbst nach Hause und malte doch seinen ›Heiligen Hieronymus‹ und auf diesem Gemälde die holde Maria. Wieland war Kanzleidirektor und Professor und Prinzenhofmeister. Schiller war Arzt und Goethe Doktor der Rechte. Diesen beiden würde es gewiß an ihren Talenten nichts geschadet haben, wenn sie noch länger in der bürgerlichen Laufbahn geblieben wären. Wenigstens haben sie, solange sie darin waren, manche Erfahrungen gemacht, die ihrer Einbildungskraft Stoff geben konnten. Ich begehre damit gar nicht zu leugnen, daß diese Laufbahn Männern vom Geiste oft beschwerlich wird; aber sie ist doch auch oft der Weg, die Einseitigkeit zu verlieren, die aus dem bloßen Ideenspiele entsteht, und es tut dem Geiste sehr Wohl, wenn man früh lernet, sich zu zwingen und sich etwas zu versagen. Und dann: wer viel Zeit übrig hat, verschwendet sie gewöhnlich, so wie viele Reiche das Geld; wer zu Rate halten muß, wendet oft beides sehr viel besser an. – Wissen Sie wohl, daß Sie ein Zeitverschwender sind? Sie sollten einen Teil Ihrer Zeit auf bestimmte Geschäfte verwenden, damit Sie in der übriggebliebenen sich desto mehr zu Geistesarbeiten anspannen könnten.«

»Aber es ist doch schön, unbeschränkter Herr seiner Zeit zu sein, und das *dolce far niente* ...«

---

er doch wahrscheinlich nicht.« (s. Lessings Briefwechsel mit Ramler, Eschenburg etc., S.65).

»Ist *far niente* und weiter nichts. Ich setze ein grobes deutsches Sprichwort dagegen: Müßiggang ist des Teufels Ruhebank! Tasso und Michael Angelo verlangten kein *far niente*, und auch nicht Angelika Kaufmann und Canova.«

Er brach ins Lob der Unabhängigkeit aus und fragte mich: ob ich wohl lieber einen Mann haben möchte, der den ganzen Tag über den Akten schwitzte, oder einen, der nach Gefallen jede Zeit der geistvollen Unterhaltung widmen könnte?

Ich stimmte für den ersten. »Denn«, sagte ich, »jener würde mir die Zeit seiner Erholung gönnen, und ich würde sie ihm süß machen, dieser aber würde sich immer mit sich selbst und mit seinen Ideen beschäftigen. Die großen Geister, sonderlich wenn sie reich sind und sonst nichts zu tun haben, als große Geister zu sein, sind viel beschwerlicher als die Geschäftsleute. Buffon hatte ein eigenes Haus, wo er studierte, wo ihn weder seine Frau noch sonst jemand sehen durfte, und wenn er aus dem Studierhause zurückkam, wollte er noch gelobt sein. Seit ich dies gelesen habe, bin ich noch mehr von den gelehrten Ehemännern zurückgekommen, und wenn es auch die größten Genies wären.«

Er kam wieder auf die Unabhängigkeit und führte unter anderem an: er habe Einkünfte genug, um bequem leben zu können; warum er nicht Herr seiner Zeit bleiben solle.

Dawider war nun nichts zu sagen, als daß er doch auch Pflichten habe gegen diejenigen, die auf ihr Auskommen denken müssen, und daß es ihm für Herz und Kopf nützlich sein würde, wenn er sich wenigstens eine Zeitlang bestimmten Geschäften widmete. – Das wollte er nicht zugeben, und ich hatte gute Ursache, nur Gründe von ihm selbst herzunehmen und nichts von meinem eigenen Wunsche, ihn tätig zu sehen, einfließen zu lassen. Denn er wendete das Gespräch zweimal, um auf seine Liebe gegen mich zu kommen, und ich kehrte immer wieder zurück zum bürgerlichen Leben und zur Tätigkeit darin, brach endlich kurz ab unter einem Vorwände, um nur diese Saite nicht zu berühren.

40.

Die Szene ist endlich erfolgt, welche ich solange zu vermeiden suchte, und ich geriet um desto mehr dabei in Verlegenheit, je weniger ich sie so nahe vermutete. Ich hatte oft mit Gustav gesprochen über das bürgerliche Leben, über Tätigkeit und über ähnliche Gegenstände. Er schien durch meine Gründe überzeugt und dankte mir, daß ich ihm die Welt von einer ganz andern Seite gezeigt hätte. Heute war er bei mir und ließ wieder einfließen, wieviel er mir schuldig wäre für meine Belehrungen, wie er's nannte, und daß er durch mich ein ganz anderer Mensch geworden und daß er mir ewig verbindlich sein werde; und plötzlich kam die Erklärung der feurigsten Liebe und daß er wünsche, sein Leben an meiner Seite zuzubringen.

Liebe Julie! Ich saß wie versteinert da. Ich hatte diesen Augenblick immer gefürchtet und – warum soll ich gegen Dich nicht aufrichtig sein? – auch zuweilen ganz leise gewünscht. Nun war ich so betroffen, daß ich nichts hervorbringen konnte als das Gemeinste, das sich sagen läßt: auf einen solchen Antrag zu antworten, müsse man sich Bedenkzeit nehmen.

Und so gewöhnlich das war, war's doch vielleicht zuviel gesagt; denn es sieht aus wie Hoffnung, und die sollte ich wohl eigentlich nicht geben; aber freilich fühlte ich in mir ganz leise, daß ich Hoffnung geben wollte. Sollte ich wollen? Das liegt schwer vor mir. Ich würde mich jetzt sehr glücklich fühlen, wenn ich ja sagte. Aber ich denke weiter, betrachte meine jetzige Lage gegen ihn und die künftige auf den Fall, daß er mein Mann würde. Mir liegt immer im Sinne: ich habe ihn gezogen und kann ihn nicht heiraten. Etwas in mir spricht wider eine Frau, die ihren Mann gezogen hat. Gustav unterscheidet das jetzt noch nicht, ich muß es für ihn.

Und dann ferner: ich habe nachgerechnet, daß ich neun volle Jahre älter bin als er. – Du darfst es eben niemand vorrechnen, liebes Weibchen; aber wenn's zur Verlobung käme, würde wohl mancher nachrechnen. Zwar hoffe ich, Gustav nicht; denn welcher Bräutigam rechnet am Verlobungstage und in einem Jahre nachher? Aber siehst Du, Weibchen, ich kann nun einmal die fatalen neun Jahre nicht aus dem Sinne kriegen. Und wer steht mir dafür, wenn wir einmal verheiratet wären, daß Gustav nicht früher zu rechnen anfinge, als mir lieb wäre?

41.

Du bist der Meinung daß ich nichts übereilen solle und daß ich die Bedenkzeit, welche ich mir einmal nahm, allenfalls nach Gefallen verlängern könne; denn Du hältst meine Zweifel nicht für unauflöslich und stellst Dir vor, die neun Jahre machten kein Hindernis, wenn sonst alles für das Jawort stritte. Ach, ich wollte, es wäre so! Ich war zuerst auch willens, meine Bedenkzeit so lange auszudehnen als möglich. Aber, liebe Julie, Gustav ist dringend, ist liebenswürdig, und – ich liebe ihn und sehe ihn täglich. Wenn ich ihm ferner die Hoffnung ließe, würde er mehr in mich dringen, und ich könnte in einem schwachen Augenblicke ja, das unwiderrufliche Ja sagen, und – wenn Gustav dann, ungeachtet meiner jetzigen Freude, vielleicht mit mir künftig nicht glücklich wäre? Der Gedanken ist mir unerträglich. Um meiner und seiner selbst willen mußte es schnell zu einer Erklärung kommen, die mich außerstande setzt, in der jetzigen Bewegung meines Herzens einen falschen Schritt zu tun, und die doch mich und ihn nicht bindet. Dazu kam es heute. Ich will Dir alles offenherzig und ausführlich erzählen, sosehr ich auch noch erschüttert bin.

Er bezeugte mir seine Liebe aufs feurigste und bat mich, ihn bald glücklich zu machen durch meine Einwilligung. Ich hatte mich vorher möglichst zu fassen gesucht und sagte so gesetzt, als ich konnte: »Ich werde Sie immer lieben, als eine ...«

Liebe Julie! Gott verzeih' mirs, ich wollte sagen: als eine Mutter. Und so meint' ich's auch. Aber wie ich den schönen Jungen mit dem trüben, liebevollen Blick vor mir stehen sah, so schämte ich mich, einen so großen und schönen Sohn zu haben. – Daß Du mir nicht lachst! Ich sage dir's, Julie! So alt bin ich nicht, daß ich einen solchen Sohn haben könnte! Was machen armselige neun Jahre? Nein, höre nur, liebste Seele, eine Matrone mag ich noch nicht sein, wenn mir gleich die leidige Überlegung einredet, ich müsse hier handeln wie eine Matrone.

Ich sagte also mit einigem Stocken: »Wie eine Freundin«, und merkte wohl, mein Ton paßte nicht zum Worte. Klopfe nicht, Herzchen! Das Wort ist heraus und mußte heraus:

Er sagte mir viel Liebevolles, sein schwimmendes Auge mehr als sein Mund. Ich ließ beide sprechen, denn es tat mir sehr wohl; ich sank in süßes Staunen, fast ohne deutliches Bewußtsein. Aber kaum kam ich zu einiger Besinnung, so merkte ich, daß mein Auge sprach und daß es also hohe Zeit wäre, den Mund zu öffnen. Ich stammelte, und ich konnte erst keinen Zusammenhang hervorbringen, endlich faßte ich mich so weit, daß ich ihm vorrechnen konnte:

»Sie sind fünfundzwanzig Jahre alt und ich fünfunddreißig.«

Du weißt, liebe Julie, und du sollst's auch wissen, daß ich um ein Jahr und beinahe vier volle Monate log; aber es war zu seinem Besten, und Du siehst doch wohl: ohne meine Philosophie hätte ihn seine Philosophie unklug gemacht.

Ich log also keck: »Sie fünfundzwanzig und ich fünfunddreißig. Wenn sie fünfunddreißig werden, bin ich fünfundvierzig. Das ist schon arg, da werde ich Ihnen viel zu alt sein.«

Das »alt« blieb mir wieder im Munde stecken, und doch fühlte ich, auch bei dreiundvierzig Jahren und neuntehalb Monaten war meine Wahrheit traurig wahr genug.

Gustav fiel vor mir nieder und schwor, ewig würde seine Liebe sich nicht ändern.

Die traurige Wahrheit von den dreiundvierzig Jahren wirkte auf mich, daß ich standhaft blieb. Ich hob ihn auf mit den Worten: »Lieber Gustav! Ewig ist eine viel kürzere Zeit als zehn Jahre! Sie wissen nicht, daß man im vierunddreißigsten Jahre über manche Dinge ganz anders denkt als im vierundzwanzigsten. Ich aber weiß es, und ich muß Ihnen schon meine Erfahrung leihen, damit Sie nicht Reue empfinden, wenn es allzu spät ist.« Bei dem Worte »Reue« fiel er wieder zu meinen Füßen nieder.

Was er sagte, kann ich Dir nicht schreiben; denn wahrlich, liebe Julie, es waren Empfindnisse, wobei Worte nichts sind. Mein Sinn war tief versenkt in den lieben Jungen; er küßte meine Hand voll Inbrunst. Nach einigen Minuten fing er an, lebhaft zu sprechen;

aber so feurig seine Worte waren, gingen sie nicht an seinen Blick und Händekuß.

Ich gewann so viel Besinnung, mich etwas zu sammeln. Ich zog meine Hand zurück, wollte ihn ernst ansehen, aber, Julie, ich glaube, mein Blick war liebevoll. Ich sagte stammelnd: »Stehen Sie auf, und setzen Sie sich neben mich.«

Er tat's stillschweigend und ergriff meine Hand; ich ließ sie in der seinigen, suchte nach einigen Minuten mich zu fassen und bekam endlich Kraft zu Worten.

»Meine Augen haben Ihnen vielleicht allzu deutlich gesagt, daß Sie meinem Herzen näher sind.«

Er bedeckte meine Hand mit heißen Küssen. Ich zog sie nicht zurück, doch hätte ich gern mein Wort zurückgehabt – ein wahres Wort war es.

Es fehlte mir Atem. Ich holte tief Luft, eine Minute lang. Dies gab mir etwas Besinnung. Ich zog sanft meine Hand an mich und sagte, so ernst ich konnte: »Lassen Sie mich, Gustav!«

Er ließ die Hand. Bei einem noch so unmerklichen Händedrucke würde ich nicht haben reden können.

»Sie sind meinem Herzen näher! Ich liebe Sie – wie meinen Bruder. Ich liebe Sie in jeder Art, wie man lieben kann; nur heiraten kann ich Sie nicht.« Er unterbrach mich. Mein Zeigefinger drückte sanft die Oberfläche seiner Hand. »Hören Sie mich ruhig an, ich bitte Sie! Es ist für uns beide wichtig, was ich sagen werde. Ich bin Ihre Schwägerin. Ich könnte Sie aber auch lieben in jeder Art. Ich könnte Ihre Mätresse sein – wenn ich unbesonnen genug dazu wäre. Aber das wollen Sie nicht, Gustav! Ich auch nicht. Ich schicke mich nicht zur Buhlerin, Buhlerei ist nicht Liebe!«

»Mein Gott!« rief er.

»Ruhig, Gustav! Ihre Frau, wenn ich auch wollte, kann ich nicht werden. Die Ursachen liegen in äußern Umständen; sie liegen auch in mir, aber nicht im Mangel meiner Liebe zu Ihnen. – Liebe gehört zur Ehe, aber, wenn sie glücklich sein soll, noch manches andere. Sie ist eine Verbindung auf zeitlebens. Beide Teile müssen also vorauszusehen suchen, wie ihre Gesinnungen und Verhältnisse noch nach langer Zeit beschaffen sein möchten. Ich bin merklich älter als Sie. Das ist nicht ein absolutes Hindernis zur Eheverbindung, aber nach meiner Gesinnung ist für mich dieses Hindernis schon allein wichtig genug. Ich war die Gattin Ihres ältern Bruders und verehre ihn noch im Grabe, ungeachtet meine Liebe gegen ihn nicht leidenschaftlich war. Ich gehöre nicht zu den Frauen, die nach einem alten Manne einen jungen heiraten. Ich bin zu stolz dazu. Lassen Sie mir diesen Stolz, selbst wenn er Vorurteil wäre. Und von Ihrer Seite ist's auch wohl wahr, was ich Ihnen vorher sagte. Sie würden mich nach jeden zehn Jahren viel älter finden als zehn Jahre mehr: und das würde auch meinen Stolz beleidigen; aber was mehr ist, es würde mich unglücklich machen, weil ich Sie nicht glücklich sähe. Ich würde doppelt unglücklich sein, weil ich's vorhergesehen hätte und mir vorwerfen müßte, daß ich von dem Feuer der Leidenschaft eines Jünglings meine Überlegung hätte verzehren lassen. Sie wissen noch nicht, lieber Gustav, wie es im Gemüte aussieht, wenn man über die neunundzwanzig Jahre hinaus ist. Ich aber weiß es. Glauben Sie mir also, und lassen Sie ab.«

Er bestätigte die Treue und Festigkeit seiner Liebe, aber glücklicherweise blieb ich gefaßt und sagte noch ruhig genug:

»Gut, lieber Gustav: Sie sind sehr, sehr jung, und manche Erfahrung fehlt Ihnen noch. Meine Gesinnungen kennen Sie. Ich will tun für Sie, was ich kann. Ich erlaube Ihnen, mich zu lieben, bis Sie dreißig Jahre alt sind. Wollen Sie mich alsdann noch heiraten, so halten Sie sodann nochmals um mich an, und ich glaube, alsdann könnte ich Ihnen meine Hand geben. Aber Sie haben Freiheit bis dahin, jedes andere Frauenzimmer zu lieben. Ich will Ihnen sogar, wenn ich kann, behilflich sein ohne Eifersucht. Einen andern liebe ich nicht während dieser fünf Jahre, das verspreche ich Ihnen. Ich warte – Sie aber sollen keinesweges verbunden sein, auf mich zu warten.«

Er fiel mir abermals zu Füßen, sagte, daß er mich ewig lieben würde, daß er sich mehr an mich gebunden achtete als jemals, daß ich ihn nicht auf eine so harte und lange Probe stellen möchte. Ich hob ihn auf und bat ihn freundlich und dringend, mich allein zu lassen, weil wir beide allzu sehr bewegt wären. Er folgte mir und verließ mit einem tiefen Seufzer mein Zimmer.

Es war Zeit, liebe Julie, denn der Blick seines liebevollen Auges drang tief in mich. Noch jetzt schwebt er vor mir. Ich mußte Dir, innigste Freundin meines Herzens, genaue Rechenschaft von meinem Betragen geben. Aber es ist mir lieb, daß die Erzählung geendigt ist, denn ich muß meinen Tränen Luft machen.

42.

Ich komme nachgerade zu einiger Ruhe. Nachdem Gustav einigemal mit viel Feuer und Liebe versucht hatte, meinen Entschluß wankend zu machen, blieb ich immer standhaft, und so hat er sich endlich dareingegeben, noch fünf Jahre zu warten. Ich habe ihm wiederholt, daß er ganz frei in seiner Neigung bleiben solle, daß er befugt sein solle, um sich zu schauen auf jedes Frauenzimmer, das sein Herz auf sich ziehen könnte. Ich habe ihm sogar ganz unbefangen gesagt, er könne mich über jede Herzensangelegenheit zu seiner Vertrautin machen, ich würde ihm Rat geben nach meiner wahren Neigung zu ihm. Er sagte mit einem Blicke voll Innigkeit: er würde mir oft etwas zu vertrauen haben, aber nur über mich selbst. Wir wollen sehen.

Indes weiß ich nun meiner Überlegung Dank, daß ich meinen Entschluß richtig nahm und schnell ausführte. Ich habe mich dadurch in eine sehr angenehme Lage gesetzt. Gustav liebt mich, und ich darf meiner Liebe gegen ihn nun ohne Bedenken Gehör geben. Wir haben die angenehmsten Stunden. Unsere Herzen öffnen sich, und ich schaue täglich tiefer in die edlen Empfindungen des seinigen. Seine Prätension, seine Frühweisheit ist weg; es war nur ein Rost, der sich in der dumpfigen Atmosphäre der Schule angesetzt hatte, der aber in der heitern Luft der menschlichen Gesellschaft abgerieben wird, so daß der natürliche Glanz seiner guten Eigenschaften hervorkommt. Denn nun macht er keine Schwierigkeiten, in Gesellschaften zu gehen, und er gefällt in den besten Zirkeln unserer Stadt. Auch dieses macht mich sehr glücklich. Welches Weib sieht nicht gern die Anmut und die Talente ihres Geliebten ins schönste Licht gesetzt?

43.

Ganz unvermutet wird meine Ruhe unterbrochen. Gustav hat sich nie um seine Vermögensumstände bekümmern können. Ein junger Mensch denkt nicht daran, und sein Vormund hielt ihn geflissentlich davon ab. Seit einiger Zeit glaubte Gustav zwar einige Unordnungen zu merken, denn er war aufmerksam auf seine eigenen Angelegenheiten geworden, seitdem er die Geschäfte des Obersten betrieb. Der Vormund wußte immer Ausreden zu machen und verließ sich darauf, ein Schöngeist würde nicht verstehen zu untersuchen und zu rechnen. Nachdem aber Gustav volle fünfundzwanzig Jahre zurückgelegt hatte, so forderte er Rechnung von seinem gewesenen Vormunde und die Auslieferung aller seiner Obligationen und Papiere. Da es hierüber nach manchem Streite zur Sprache kam, so zeigte sich, daß sein ganzes Vermögen auf die unverantwortlichste Art längst war vergeudet worden. Der Vormund ist entlaufen und hat den schändlichsten Bankrott gemacht, woraus nach zwei oder drei Jahren kaum zehn von Hundert kommen können, welches nicht zu den Gerichtskosten zureichen wird. Gustav ist nun also aus dem Zustande des Wohlstandes in gänzliche Armut versetzt. Aber er soll nicht arm sein, solange ich noch etwas habe.

44.

Ich bin seit einigen Tagen in größter Unruhe gewesen. Man hat dem Vormunde vergeblich nachgesetzt. Alle Hoffnung ist nun verloren. Gustav ist dabei gefaßt über alle Erwartung und findet sich auf eine edle Art in sein Unglück. Meine Liebe zu ihm wird dadurch noch mehr angefeuert. Ich wollte ihm gern helfen, aber wie? Ich habe alle Wendungen erschöpft, um ihn zu bewegen, daß er Unterstützung von mir annehme, von mir, die ich doch seine nächste Verwandtin bin, wenn ich ihm auch sonst nichts wäre. Aber er ist unbeweglich und führt mir dieselben Gründe an, die ich ihm ehemals angab, weshalb der Oberst von ihm keine Unterstützung würde annehmen wollen und können, und darauf kann ich denn freilich nicht viel sagen. Er ist nicht abzuhalten gewesen, einige Juwelen und andere Kostbarkeiten zu verkaufen für die dringendsten Bedürfnisse. Aber diese Hilfe kann nicht lange dauern. Nun wünscht er, ein Amt zu haben, aber wo wird sich gleich eins finden? Indes macht er dazu die nötigen Schritte und läßt keinen erlaubten

Weg unversucht. So veranlaßt Unglück zuweilen eine lobenswürdige Anstrengung der Kräfte und mit derselben Geselligkeit und Zartgefühl. – Wenn ihm doch nur auf irgendeine Art zu helfen wäre! Ich bin durchdrungen von Mitleid, von Hochachtung und (ich will es Dir nur gestehen) von reiner Liebe gegen den lieben Unglücklichen.

45

Du hast seit drei Wochen keine Zeile von mir gesehen, aber ich habe auch viel zu tun gehabt.

In Geschäften?

Jawohl! Ich bin gelaufen, habe geschrieben, habe unterhandelt, habe Rat gesucht, und – (Viktoria!) Gustav ist nun Hofrat bei der Regierung. Es hat mich etwas Geld gekostet, aber das ist wohl angewendet, und er soll nichts davon erfahren. Der alte Hofrat G. starb gerade zur rechten Zeit. T. hatte die Anwartschaft auf die Stelle, bekam aber eben jetzt glücklicherweise auch andere Aussichten. Dies erfuhr ich zufällig und klopfte gleich an und überließ ihm selbst die Bedingungen.

Die Sache war bald zwischen uns abgemacht, und T. besorgte das Nötige bei dem Fürsten und bei der Regierung. Die großen Perücken haben Gustaven examiniert. Stelle Dir vor, der Spekulant und Poet hat in ihrem Rechtswesen wohl bestanden. Wohl ihm, daß er für den Obersten und für sich kürzlich Geschäfte betrieben hat, denn sonst hätte er wohl alles vergessen. Kurz! Gustav ist Hofrat, so fest Hofrat als einer von denen, die an dem Tische mit dem grünen Teppiche sitzen. Und – wenn ich ihn nun heirate? Wann? Nach fünf Jahren? Nach vier Jahren? Warum nicht gar! Es muß eher sein, sonst wird's nichts. Wenn ich ihn also heirate, bin ich die Frau Hofrätin, daß Du's weißt. Gib mir meinen rechten Titel, das sag' ich Dir. Ich bin ausgelassen vor Freude! Alles hat sich so trefflich schicken müssen. Lebe wohl, mein Herz!

46.

Unser Mann findet sich vortrefflich in seine Amtsgeschäfte. Ein talentvoller Jüngling kann sich zu allem bilden, sobald ihn nur

Dünkel und Schulweisheit nicht verderben. Dabei hat Gustav in den wenigen Wochen die Liebe aller derer erworben, mit denen er zu tun hat. Meinst Du nicht, daß mich das freuet? Er weiß sich in alle Charaktere zu schicken, ohne den seinigen zu verleugnen. Wenn ich den geselligen – und fast möchte ich sagen: den moralischen – Charakter eines Menschen zu würdigen habe, ist mir der der höchste, der dieses auf eine edle Art zu erlangen weiß; denn es gehört Verstand, gutes Herz, Beurteilungskraft und Menschenliebe dazu. Die jungen Leute, die nirgend an ihrem rechten Orte sind, immer entweder zuviel oder zu wenig wollen, immer fordern und nichts leisten, immer in kindischer Peinlichkeit oder in stolzem Mißvergnügen sind, die immer eine eigene Welt haben wollen, wo sich alles nach ihnen richtet – was machen wir mit denen? Du bist eine starke Seele, Julie! Du leihest ihnen ein paar Pistolen, damit sie sich mit Lärm aus dieser Welt fortschaffen können. Ich? Ich lache sie aus und lasse sie laufen; sie laufen nicht weit, die Püppchen! Ihr erhabenes Unwesen hält nicht gegen das Auslachen. Lache einmal einen erhabenen Charakter aus; er bleibt, was er ist.

Gustav hat nun sein Erhabenes abgelegt wie einen fremden Mantel, ist nun natürlich, gut, edel und trefflich und soll in dieser Welt bleiben.

47.

Gustav wird täglich andringender mit seiner Liebe. Wenn ich sagte, daß mir dies nicht wohltun sollte, würdest Du es nicht glauben. Aber wenn ich weiter denke, an eine lebenslängliche Verbindung, wenn ich überlege, so komme ich immer wieder aufs alte zurück: er kann nicht nach zehn, geschweige nach zwanzig Jahren mit einer Frau glücklich leben, die älter ist als er. Der Muttername ist süß, aber der Name »Gattin« ist von einer ganz andern Süßigkeit. Wenn Gustavs jüngeres Alter, das gegen das meinige mit zunehmenden Jahren ihm immer merklicher werden muß, ihn je hinderte, in der ganz gleichen Vertraulichkeit, in der gänzlichen Zusammenschmelzung der Seelen zu verharren, wie könnte er glücklich sein mit seinem feinen Gefühle? Und was würde ich sodann sein? In meiner ersten Jugend mußte ich, gezwungen, mich aufopfern, und es gelang mir, durch guten Willen und Ausdauer einen wackern Mann glücklich zu machen; sollte es mir weniger gelingen durch ein freiwilliges Opfer? Meine Liebe zu Gustav ist weder sinnlich noch *selbstisch*.[13] Könnte ich ihn nicht ganz glücklich machen, würde ich selbst im Unglücke verloren sein. Will ich etwas anders, als ihn glücklich sehen?

Und dann kommt er mit seinem liebenden Auge, mit seiner ehrlichen Stirn und mit seinen braunen Locken, die ihm um den weißen Hals wallen. Ach, Julie! Ich zanke mit mir selbst, daß ich so verständig bin.

48.

Du sagst, ich bin wunderlich. Kann sein! Aber ich habe diese Nacht über alles noch mal mit meinem Kopfkissen überlegt, und es bleibt dabei: Gustav soll und muß mich nicht zur Frau haben, ich bin jetzt schon verständiger als er. Was würde es vollends in zehn oder zwanzig Jahren werden; denn so lange und länger wollt' ich bei ihm bleiben, und auf so lange und längere Jahre sieht mein Verstand voraus. Oh, der Verstand verdirbt doch die beste Freude, wenn man sich verliebt: Und was das schlimmste ist: der Verstand untersteht sich, recht zu haben. Kannst Du Dir etwas Ärgeres denken als eine Frau, die verständiger ist als ihr Mann? Und älter noch dazu.

49.

Du meinst, liebe Julie, ich soll nicht scherzen über eine sehr ernsthafte Lage, worein ich mich gesetzt habe. Jawohl: Ich habe mich selbst darein gesetzt! So geht's, wenn man's Herzchen wie ein krankes Kind hält und ihm seinen Willen tut. Herzchen will immer mehr, als es sollte. Auch sollst Du nicht etwa denken, mein Scherz wäre Leichtsinn; er kommt aus dem Innersten der Seele. Ich bin wie die, welche im Finstern laut singen, damit man nicht glauben soll, sie fürchteten sich.

---

[13] Das bedeutende engländische Beiwort » selfish« wird durch »selbstsüchtig« fast etwas allzustark, wenigstens in manchen Wendungen allzu schwerfällig ausgedrückt. Adelheid konnte also füglich das Wort »selbstisch« bilden für » selfish«.

Gustav will von den fünf Jahren Aufschub gar nichts mehr hören. Er wird immer dringender und immer liebenswürdiger, und mein Herz wird immer wärmer. Ich fühle, ich werde zuletzt nicht stark genug sein; ich werde einen Schritt tun, der mich unaussprechlich glücklich machen würde. – Nun, so tue ihn, sagst Du. Du hast es schon zweimal gesagt. Aber, liebste Seele, ich komme immer wieder darauf zurück: das Mißverhältnis des Alters verbietet es.

Aber ich fühle mich allzu schwach. Gustav wird traurig über mein Verschieben. Sein ängstlicher Blick erregt Teilnehmung in mir. Säh' ich ihn länger in dieser traurigen Stimmung, ich würde nicht widerstehen können. Ich muß Hilfe haben.

50.

Liebe Julie! Ich denke, die Hilfe kommt. Ich suchte einen Vorwand, um meinen Hofrat Gustav zu einer Reise nach T. zu bewegen. Er blieb da einige Tage. Nachdem er mir von dem Geschäfte Bericht erstattet hatte, fragte ich nach Amalie L. und sah in seine Augen. Sie erheiterten sich. Er hatte Amalie besucht, mehrmals, erzählte unaufgefordert von ihr, ganz unbefangen, versteht sich. Aber die Liebe ist scharfsichtig. In einem Winkelchen seines Herzens sah ich Amaliens Bild schon eingeprägt. Der Ungetreue! Doch ich muß ihm helfen!

Nun glaube ich dreifach, daß die Vernunft auch in der Liebe nützlich ist. Ich bin seitdem, ohne daß Gustav es wußte, in T. gewesen. Ich habe mit der Tante, meiner Freundin, abgemacht, daß Amalie zu mir kommen und ein Jahr in meinem Hause bleiben soll. Sie ist heute schon eingetroffen.

Mein Herz fängt an, leichter zu werden. Aber in einzelnen Augenblicken ist es wieder so schwer. Es kostet mich viel, so verständig zu sein. Ich hätte doch nicht gedacht, daß ich noch so schwach wäre! In den Büchern ist's so leicht, über jede Neigung zu siegen; da steht die Philosophie so fest mit der gefällten Hellebarde, alles Sinnliche aufzuspießen, was der reinen Vernunft in den Weg zu treten wagt, aber wenn man sich selbst recht tief ins Herz sieht, da hat die Philosophie Lust davonzulaufen, und ihre Hellebarde steht nur fest, wenn die Neigungen sich selbst gegeneinander schwächen und so unvermutet auf den Spieß auflaufen. Dann singt die Philosophie ein Tedeum und meint, sie allein habe alles getan.

51.

Ich habe mir ein kleines Fest gemacht mit der ersten unvermuteten Zusammenkunft. Gustav war etwas betroffen, da ich ihm Amalien als meine jetzige Gesellschafterin vorstellte. Der kleinen Hexe scheint es nicht übel zu gefallen, Gustaven täglich zu sehen. Ich wiege mich mit dem Gedanken, daß etwas Neues hieraus entstehen wird, und ich denke, etwas Gutes.

Und doch kann ich keine Nacht schlafen. Ich gräme mich, daß ich recht handle, und gebe meiner Vernunft Ohrfeigen, weil sie über mein Herz siegen will. Und die Vernunft sagt: Schlag zu, aber höre mich.

52.

Das Wesen geht fast geschwinder, als ich mir vorgestellt hätte, und ich finde es manchmal ganz seltsam, daß alles so gut gelingt.

Die jungen Leutchen sehen sich gern, und ich lasse sie sich gern sehen. Gustav, das muß ich ihm zum Ruhme nachsagen, macht seine Sachen hübsch. Er verläßt mich nicht etwa geradezu, als wäre ich gar nichts. Er kommt sehr oft, mir seine Schuldigkeit zu bezeugen, und die nehme ich dann an – als Schuldigkeit – und reiche ihm recht stattlich die Hand zum Küssen. Man muß auf sein Ansehen halten, gute Freundin!

Aber er scheint mir bei Amalien ungezwungener zu sein, und sie ist so liebreizend und so unbefangen, und die großen blauen Augen sehen so herzrührend in seine blitzenden schwarzen.

Doch mit einem Male kommt er mir gestern wieder – unter vier Augen – mit seiner feurigen Liebe und hätte mich beinahe unvermutet wieder wankend gemacht; denn das erwartete ich nicht mehr. Aber ich denke, ich habe es recht beurteilt: er fühlte, es war seine Schuldigkeit. Da erinnerte ich mich meiner Schuldigkeit. Ich sagte ihm lächelnd: »Wir haben ja noch Zeit. Sie wissen, ich habe beinahe noch fünf Jahre zu warten, ob sich nicht eine andere fände.« Er wollte feurig antworten, aber es war, als stocke etwas in ihm. Ich drohte ihm mit dem Finger: »Da ist Amalie«, sagte ich, »die ist jünger als Sie.« Er ward blutrot, wollte meine Hand ergreifen und stammelte etwas daher. Ich ließ ihn nicht ausstammeln, sondern sagte mit möglichstem Ernste: »Gustav, Sie sind fünf Jahre lang ganz frei, brauchen Sie Ihre Freiheit!« Er schien wirklich betroffen zu sein.

Ich stand auf, um in mein Kabinett zu gehen; denn wirklich, der Atem ward mir sehr kurz. Ich will Dir bekennen: als ich allein war, floß ein Strom von Tränen, aber ich fühlte doch bald, auch Tränen der Freude waren darunter.

53.

Gustav braucht seine Freiheit. Ich sehe es und seufze und freue mich; denn er geht nun wahrem Glücke entgegen. Die beiden Täubchen sehen nur sich, und also kann ich desto sicherer beobachten. Zuweilen ergreift's mich, daß es so wahr hat sein müssen, was ich Gustaven voraussagte; aber ich beruhige mich bald wieder. Und Amalie! – Du glaubst nicht, wie liebenswürdig sie ist und wie sehr ich sie liebe, deswegen, weil Gustav durch sie glücklich werden wird. Es wohnt in mir eine Empfindung der Ruhe und Zufriedenheit mit mir selbst, eine Wonne, wogegen alle Leidenschaft nichts ist. Wer die Liebe nur kennenlernt, um sie beschrieben oder höchstens dargestellt zu sehen, fasset diese Seligkeit nicht. Ich fühle sie ganz!

Und doch, liebe Seele, kann ich Dir nicht verhehlen: wenn ich die beiden Liebenden mit einer zärtlichen Teilnehmung betrachte, ertappe ich mich oft auf tiefem Atemholen und einer Träne, die aus dem Auge rieselt. Sollte es Leidenschaft geben, wobei man äußerlich ganz ruhig ist?

54.

Ich dachte nach, was zu tun schicklich wäre, da die jungen Leute sich täglich herzlicher vereinigen, und glaubte Amaliens Tante von der Sache Nachricht geben zu müssen, um ihre Meinung darüber zu vernehmen. Denn ich wollte doch nicht gern bei ihr in unrechtem Lichte erscheinen, im Falle ihre Gedanken von den meinigen unterschieden wären. Sie antwortete nach Wunsche und billigt alles. Ihre

Feder strömt über von Gustavs Lobe, und – stelle dir vor! – sie schreibt: es wäre allgemein gesagt worden, ich und er würden ein Paar werden. Ich könne, setzt sie hinzu, dieses Gerücht nicht kräftiger widerlegen als durch Beförderung seiner Heirat mit Amalien. Das heißt also: ich bin zu alt für Gustav. Und das hätte jedermann gesagt? Es wäre doch impertinent. Was haben sich die Leute um uns zu bekümmern? – Aber, liebe Julie, wenn es nun Gustav selbst einmal – nicht gesagt, nur gedacht, nur im innersten Gedanken gedacht hätte? O genug! Genug!

Übrigens ist eine Tante ein hassenswürdiges Geschöpf. Gott sei gelobt, daß ich keine Nichte habe! Und doch werde ich diese Tante, die mir zu verstehen gibt, ich wäre zu alt, herzlich umarmen müssen und umarme sie gewiß auch recht herzlich. Bin ich nicht eine gute Seele? Habe Geduld mit mir, liebe Julie, und mit meinem Geschwätze, und habe auch ein wenig Mitleiden mit mir. Ich kann manche Nacht nicht schlafen, und dann finde ich, es kostet viel, um gut zu sein. Doch ich sage mir auch: gut zu sein ist wohl eines großen Opfers wert; und ist das wahr, so bemitleide mich nicht.

55.

Die Sache neigt sich zur Entwickelung. Ich habe mit Gustav eine Szene gehabt. Ich kann sie Dir nicht beschreiben – und beschreibe sie nun doch.

Ich hatte ihn für frei erklärt, und er kam – mich daran zu erinnern. Ehe er ein Wort sagte, wußte ich alles, und ich las in seinen Augen, er wußte, daß ich alles verstand. Wozu müssen Worte sein zu solcher Szene? Wäre Amalie an seiner Stelle gewesen, ich hätte sie herzlich in meine Arme geschlossen. Ein Kuß hätte mir, hätte ihr alles erklärt. Aber mit Gustav mußten es Worte sein.

Sie wurden ihm, sie wurden mir sehr schwer. Wie er's wendete, um mir zu sagen, daß er meine Erlaubnis, Amalien zu lieben, annehme, ob er mich um Vergebung bat, ob er Entschuldigungen stammelte, ob er Entschuldigung bedurfte – ich hörte von allem nichts, weiß wenigstens jetzt nichts davon. Ich kam zu mir, als er sagte, Amalie liebe ihn. Da ging mir das Herz auf; ich ergriff seine Hand, sie sanft zu drücken; aber Worte wurden mir nicht, ihm auch nicht; seine Augen hafteten auf den meinigen; wir empfanden zu viel; es mußte unterbrochen werden. Ich verließ ihn – um Amalien ihm zuzuführen. Ich legte ihre Hände ineinander. Beide umarmten sich. Amalie fiel in meine Arme. Gustav küßte meine Hand. Ich kann nicht mehr schreiben. Denke Dir weiter, was Du kannst!

56.

Ich schreibe Dir dieses spät in der Nacht, denn ich war heute vormittag so bewegt, daß mir das fernere Schreiben unmöglich ward. Meine Lebensgeister sind auch erst seit ein paar Stunden wieder beruhigt. Ich kann nun fortfahren.

Nachdem ich Amalien mit voller Inbrunst an mein Herz gedrückt hatte, kam ich endlich so weit zu mir, daß ich Amaliens Hand in meine Linke, Gustavs Hand in meine Rechte nahm und mich zwischen beide setzte; denn meine Füße schwankten, und ich glaube, ihre auch. Noch sprachen nur unsere Augen und unsere von Wonne bebende Brust. Wir schöpften endlich etwas langsamer Atem und fanden Worte. Wir mußten anfangen zu sprechen, um etwas ruhiger zu werden. Es kam unter mehreren die Rede, Gustav müßte um Amalien bei ihrer Tante anhalten. Ich legte ihren Brief in seine Hand. Beide entsetzten sich vor Freude. »Auch dafür haben Sie gesorgt!« rief Gustav, und ehe ich's wehren konnte, küßten beide meine Hand. Diese Küsse gingen ins Herz. Wir drei zerflossen in Tränen. Ihre weinenden Augen waren so beredt!

Warum weinen wir in der äußersten Freude? Ich bin jetzt so froh, bis in mein Innerstes so unaussprechlich glücklich, und meine Tränen fließen aufs Papier.

Ich kann nicht weiterschreiben.

57.

Wir sind hier alle in arger Unruhe um Kleinigkeiten. Anstalten zur Hochzeit! Warum Anstalten dazu? Macht man Anstalten zum Sterben? Das ist doch auch ein Übergang in ein glücklicheres Leben!

Doch sind da nun die Einkäufe und die Visiten und die lahmen Glückwünsche und das Küchengeschirr, die Tischtücher, die Teller, die Leuchter, die Stühle, die Schränke, die Vorhänge und, so Gott will, der Plateau. Hat man je solch ungereimtes Zeug gesehen? Und doch ist das Zeug nötig. Nötig? Wahrlich, kalt überlegt, ist wenigstens ein Teil wirklich nötig und der andere Teil nicht zu entbehren. Viele Dinge scheinen uns ungereimt, wenn wir nur auf uns selbst sehen, und sind es nicht, wenn wir in Betrachtung ziehen, was um uns ist.

Ich sähe gern gar nichts als Gustav und Amalien. Gustav und Amalie sehen nur sich beide und sollen nichts anderes sehen. Also muß ich wohl um mich schauen und auf alles bedacht sein, um so mehr, da sie künftig in meinem Hause wohnen sollen; denn trennen könnte ich mich unmöglich von den beiden Lieben, auch nicht auf eine Stunde. Da nun das sein soll, so muß ich auch schon sorgen, daß sie in meinem Hause das ungereimte Zeug finden, dessen sie nicht entbehren können, wenn sie nach wenigen Wochen nicht nur sich beide, sondern auch viele andere Leute sehen werden, unter denen sie leben müssen.

Wie? Wird denn die Zeit kommen, da sie auch andere sehen außer sich beiden? Sie muß kommen, und dann sehen sie die ganze Welt und sind doch sich selbst genug!

58.

Gestern war die Hochzeit. Der Bräutigam, simpel gekleidet in einem leichten bischoffarbenen Fracke und weißem Gilet, schien in seinem Gesichte mit den schön gelockten, braunen Haaren an Gesundheit und blühender Farbe ein Jüngling, im Ausdrucke des Edelmuts und Talents ein Mann. Als ich ihn der Braut zuführte, war ich unbeschreiblich froh. Er schlug einen Augenblick die Augen nieder vor mir; das ging mir tief durch die Seele, und doch tat mir's wohl. Die Braut hatte ein weißseidenes griechisches Kleid, eine goldene Kette um den Hals; es war die Kette der Liebe. Ihr blondes Haar floß in natürlichen Locken über ihre Schultern tief herab; zwei Rosenknospen waren in den jungfräulichen Myrtenkranz geflochten. Unschuld und Wahrheit belebt dieses Gesicht.

Nur auserlesene Freunde waren die Hochzeitsgäste, eine mäßige Zahl. Unser alter Vetter stellte den Vater des Bräutigams vor. Mein Herz klopfte mir, daß nun Gustavs Glück befestigt war. Als der Geistliche sie auf immer verband und sie segnete, übertäubte mein inneres Gefühl das äußere. Ich mußte in mein Kabinett gehen, mich in meinen Lehnstuhl zu werfen. Es ergriff mich wie noch nie! Ich fühlte nun die ganze Größe des Opfers. Liebe Julie! Sieh nicht auf die Tränentropfen, die meine Schrift verlöschen. Es ist ja erlaubt, einen Greis zu beweinen, den man liebte, ob man gleich dem Laufe der Natur nach den Verlust voraussah und ihn wohl gar wünschte, weil der geliebte Hinfällige zu sehr litt. Warum soll es mein schwaches Herz nicht auch fühlen, daß ich es nicht mehr diesem süßen Manne geben darf, ob ich ihm gleich selbst entsagte, um ihn glücklicher zu sehen? Hier ist Schmerz mit Freude vermischt, mit dem innigsten Grade der Freude. Ich sehe ihn ganz glücklich, und auch ich bin glücklich, liebe Julie! Wirklich sehr glücklich, da nun der erste Sturm der Leidenschaft vorbei ist.

Ich erholte mich ziemlich bald und kam wieder zur Gesellschaft. Man hatte mich vermißt. Braut und Bräutigam eilten auf mich zu. Ich umarmte die Braut und auch den lieben Bräutigam – zum ersten Male in meinem Leben. Ich schlang meine Arme fest um ihn und empfand Wonne wie noch nie. Ihm kamen die Worte eher als mir. Er rief aus, indem noch sein warmer Hauch an meine Wangen strich: »Das Glück meines Lebens bin ich Ihnen schuldig!« Er wollte mir danken. Ich hörte nichts. Meine Arme glitten ab; meine Kniee zitterten; ich setzte mich atemlos nieder. Man sagt, ich wäre totenblaß gewesen. Ich kann nicht mehr schreiben! Mir ist wohl. Ich habe heute mein Testament gemacht, daß sie meine Erben sein sollen.

59.

Freude und Schmerz hat mich verlassen. Ich bin ruhig, sehr ruhig. Die Welt ist schön um mich, der Himmel ist heiter, die Bäume grünen, die kühle Luft wehet; aber ich scheine mir auch nur zu wehen und zu grünen. Nein, ich lebe; denn ich sehe Amalien und Gustav so innig, so glücklich leben, ich lebe mit ihnen und in ihnen, und bloß in ihnen kann ich leben. Und doch ist's mir so schwer in der Brust, ich bin da und bin abwesend. Liebe Julie! Hälfte meines Herzens, ich sage Dir alles: ich hätte ihn nicht umarmen sollen! Warum gab mir der Himmel warmes Blut bei einer heiß empfindenen Seele?

60.

Du sagst, ich soll mich nicht gereuen lassen, was ich getan habe. Liebe Seele! Du hast den Punkt gefunden, der Deine arme verirrte Adelheid wieder zu sich selbst bringen muß. Daß es mich gereuen sollte? Nimmermehr! Jeden Tag nimmt meine Freude darüber zu, daß ich Mut hatte, das Opfer zu bringen; denn sie sind glücklich und werden es bleiben. Aber, liebe Julie, habe Nachsicht mit mir. Mein Zustand ist wie der des Sokrates, als man ihm die Fesseln abnahm. Die Haut seines Fußes war so reizbar geworden, daß ihm eine angenehme Empfindung durch die Nerven zitterte, als der Druck der Fesseln aufhörte. So kann Freude aus Schmerz entstehen. Mein Verstand sagt mir, ich habe recht getan; und ist der Verstand kräftig, so bezwingt er ja äußere Empfindung, warum nicht endlich auch innerliche. Die Überwindung kostet Mühe, aber die Mühe ist wohl angewendet.

61.

Gustav ist ein Schwätzer. Er hat Dir geschrieben, ich wäre krank. Nun, wenn ich's wäre? Auch Liebe kann Krankheit sein. Du glaubst, ich müsse krank sein, weil meine Briefe nicht voll der gewöhnlichen heitern Scherze wären. War ich sonst scherzhaft? Fast erinnere ich mich an so etwas. Aber heiter bin ich noch, liebe Julie. Mein Blut, das wärmer wallt, als ich gedacht hätte, brachte mich in Leidenschaft, und Leidenschaft ist Schwäche, wäre es auch noch so süße Schwäche. Jetzt fange ich an, stärker zu werden, das heißt ruhiger. Jeder Tag macht meinen Geist heiterer; denn Amalie und Gustav lieben sich täglich mehr. Amalie trägt ein Pfand der Liebe unter ihrem Herzen. Das schafft neue Freude. Gustav hängt nun mit doppelter Inbrunst an seiner Amalie und ich an beiden. Wäre mein Körper auch ein wenig erschüttert, die Freuden der Seele werden ihn heilen. Gustav und Amalie machen mir täglich neue Seelenfreuden.

62.

Unser Wunsch ist erfüllt. Amalie ist von einem gesunden Knaben entbunden, des Vaters Ebenbild. Wohl mir, daß ich etwas habe, was ich von Herzen lieben kann. Meine Seele schwimmt in Freude. Diesem Kinde weihe ich mein ganzes übriges Leben. Jetzt muß ich für ihn sorgen Tag und Nacht. Ich kann daher nur wenig schreiben. Bald wird die Zeit kommen, daß der Knabe mit mir schwatzt, alsdann werden meine Briefe auch wieder scherzhaft sein – und noch eher. Lebe wohl! Der Knabe wacht auf, ich muß ihn an der Mutter Brust tragen.

Mehr Briefe sind nicht mitzuteilen. Adelheid lebte so lange, daß sie den Knaben, ihren Liebling, die Gefahren aller Kinderkrankheiten glücklich überstehen sah. Sie ward nach und nach schwächer. Der Samen der Krankheit lag lange in ihr, durch vieles Nachtwachen bei den Krankheiten des Kindes mochte sie vielleicht das Übel vermehrt haben. Sie war an zwei Monate bettlägerig, die Abzehrung nahm zu, aber ihr Geist blieb beständig heiter. Am Tage vor ihrem Tode schrieb sie mit zitternder Hand unter einen Brief Gustavs, der von ihrem Zustande Nachricht gab:

Denke nicht, daß ich sobald sterben werde. Aber wäre es, so verlasse ich ja alles glücklich, was ich liebe. Wäre ich Gustavs geworden, so würde ihn mein Tod ganz unglücklich machen, und das wäre mir das bitterste. Jetzt hat er Amalien und seinen Knaben. Du kannst Dir nicht vorstellen, wie lieblich der lächelt und »Vater!« ruft.

Zeitgenössische Rezensionen der »Vertrauten Briefe«

Literatur-Zeitung, Erlangen

Ob Herr Nicolai selbst diese Briefe geschrieben oder ob er sie nur verlegt hat, darauf kommt es hier so wenig an, als es überhaupt nicht darauf ankommt, wer ein Buch geschrieben hat. So viel ist indessen von diesem Buche gewiß, daß damit die Absicht weiter erreicht werden soll, die man in der »Geschichte des dicken Mannes« und des Philosophen »Sempronius Gundibert« gehabt hat. Es soll nämlich darin dargestellt werden, daß mit der Philosophie der Herren Kant, Fichte und so weiter in der wirklichen Welt nicht fortzukommen sei, daß man alle Augenblicke mit seiner transzendentalen Weisheit anstoße, daß die Leute, mit denen man umgehe, nicht wissen, was man wolle, und daß man sich lächerlich mache. So wie nun in jenen beiden genannten Romanen junge kritische Philosophen vorzüglich gegen Männer anlaufen, so läuft hier in diesen »Vertrauten Briefen« eine ansehnliche Menge solcher junger Philosophen gegen Weiber an; sie machen auch einige Proselytinnen, aber der gescheuteste unter diesen Philosophen scheitert doch mit seiner Philosophie an einem Weiberherz und lernt am Ende wieder für andere Menschen außer der kritischen Schule verständlich denken und sprechen. Adelheid nämlich hatte nicht aus Liebe, sondern aus Gehorsam einen Mann, der viel älter als sie war, geheiratet; aber ihr Verstand und die guten Eigenschaften ihres Mannes hatten ihr diesen bald so lieb und wert gemacht, daß sie sich nach dem Tode ihres Mannes und ihrer Kinder ganz unglücklich fühlte. Ihre Freundin Julie, an die die Briefe geschrieben sind, vermochte es über sie, wieder an gesellschaftlichem Umgang teilzunehmen. Sie zog nach D. und gewann das Leben nach und nach wieder lieb. In dem Zirkel, in welchem sie lebte, fanden sich viele junge Philosophen nach dem neuesten Schnitte ein, und unter diesen auch ihr Schwager Gustav, welcher zehn Jahre jünger war als sie. Diesen heilt sie von seinen philosophischen Anmaßungen; beide verlieben sich aber während der Kur ineinander. Sie behält jedoch kalte Vernunft genug, um nicht zu vergessen, wie viel älter sie ist. Sie ist stark und großmütig genug, ihn nicht nur von der Liebe gegen sie zu heilen, sondern ihm auch noch eine Gattin zuzuführen, mit der er die Fülle des schönsten Glückes genießt. Nur sich selbst konnte sie nicht von ihrer Liebe ganz heilen, sie unterlag der nie gelöschten Leidenschaft und starb in wenigen Jahren nach Gustavs Verheiratung.

Der Leser sieht daraus, daß hier kein großer Aufwand von Phantasie gemacht, sondern daß alles ganz einfach angelegt und durchgeführt ist. Und wen freilich unsre jungen philosophischen Figuranten, die dermalen umherschwärmen, nicht interessieren, der wird auch in der größern Hälfte dieser Briefe kein großes Interesse finden. Die Charaktere, welche am besten gehalten und durchgeführt sind, sind Adelheid und Gustav. Der Schwarm von jungen sogenannten Philosophen erscheint und verschwindet gleichschnell, vielleicht wie die Philosophie, zu der sie sich hier bekennen. Es leidet keinen Zweifel, daß das Unwesen, das jetzt zum nicht geringen Schaden der wahren Gelehrsamkeit von mehrern kritischen Philosophen getrieben wird, unleidlich ist und daß es sich zu einem Gegenstande der Geißel der Satyre ganz vorzüglich eignet. Auch diese Briefe können und werden das Ihrige dazu beitragen, das Ungereimte dieser jungen Leute, voll von exzentrischen und überspannten Ideen, lichter hervortreten zu lassen, und die Jünglinge, die noch zu retten sind, zu bewegen, daß sie etwas mehr als ein einziges philosophisches System lernen, mit dessen Sinken ihre erborgte ganze Weisheit sinkt und ihre gänzliche Unbrauchbarkeit in dieser Welt sichtlicher emporsteigt. Und was sinkt in unsrer ganzen Gelehrtenrepublik leichter als – ein philosophisches System? Hume, an dessen Wert als Weltweiser wenige der unsrigen reichen, sagt offenherzig in seiner Geschichte von England: »A System, whether physical or metaphysical, commonly owes its success to its novelty; and it ist no sooner camvassed with inpartiality than its weakness is discovered.« Es ist daher mit dem bloßen Lernen in der Philosophie eine eigene gefährliche Sache. Bei dem Studium der Geschichte, der Sprachkunde, der Rechtswissenschaft usw. behauptet das Lernen seinen respektablen Platz. Wir müssen hier lernen; denn es gilt hier um Facta, auf die uns nicht immer der Syllogismus führt. Wir müssen die Quellen fleißig studieren. In der Philosophie aber ist die Hauptquelle in uns selbst, und die können wir nicht wie eine andere Urkunde vorlegen; jeder hat nur sein eigenes Exemplar, und wenn wir darin durch ein fremdes Alphabet lesen lernen, so gelangen wir sicherlich niemals zum Verstehen. Wenn aber ein solcher Unfug einreißt, wo man durchaus nach einem fremden Alphabet in sich selbst lesen lernen soll, so bleibt es ein sehr verdienstliches Werk, in Ernst und Scherz dagegenzuarbeiten und dem Geiste die Fesseln abzunehmen. Der satyrische und humoristische Vortrag ist gegen dieses Übel der zweckmäßigste, und wer sich dazu versteht, vollbringt ein um so verdienstlicheres Werk, da kein Ruhm eines Schriftstellers schneller vorübergeht als desjenigen, welcher törigte Gelehrte gegeißelt und dadurch die übrigen wieder zu sich selbst gebracht hat. Denn die Toren dieser Art haben so wenig allgemeines Interesse und setzen dennoch allemal eine ausreichende Kenntniß ihrer gelehrten Spielereien voraus, um den gegen sie gebrauchten Witz ganz schätzen und verstehen zu können, daß, wenn der verfolgte Wahn aufgehört hat, sein Spiel zu treiben, auch die Satyren gewöhnlich vergessen werden, die auf ihn geschrieben worden sind.

Übrigens aber kann Rez. es nicht billigen, daß der Vf. zu gleicher Zeit gegen die kritische Philosophie, gegen die langen Backenbärte, die langen Beinkleider und die abgeschnittenen Haare, gleich als wenn diese Dinge homogen wären, zu Felde zieht und daß er einen kritischen Philosophen, den Herrn von X., auch dadurch lächerlich zu machen sucht, daß er sich furchtsam bei einem Zweikampfe beträgt. Die langen Backenbärte gibt Rez. dem Vf. allein preiß, weil sie immer eine garstige Unreinlichkeit bei sich führen; die langen Beinkleider aber sind bequem, und die abgeschnittenen Haare sind nicht nur bequem, sondern auch gesund; und was endlich den Zweikampf anbelangt, so ist dieser in jeder Rücksicht eine so vernunftwidrige und sträfliche Sache, daß nur der sich lächerlich macht, der in derselben noch etwas Besseres als Unsinn findet.

(Literatur-Zeitung. Erlangen 1799, August, Nr. 150)

Göttingische Anzeigen

In einer gefälligen Erzählung werden Menschen getadelt, die sich über ihresgleichen zu erheben glauben, wenn sie berühmte Leute ungeschickt verehren, sich anders ausdrücken und anders kleiden als die übrige Welt, Galimathias mit Nonsense verteidigen. Basedow erzählte: seine Augen hätten die ganz sonderbare Eigenschaft daß er, wenn er läse, nie geradezu sehen könne, sondern das Buch an die linke Seite der Stirn halten müsse; so glaubte jedermann, Basedow habe Augen von ganz besonderer Beschaffenheit. Lambert sagte ihm: Ey, Herr Professor, Sie schielen. Thomas Diafoirus soll gesagt haben (S. 15): Die Leber war sonst rechts und das Herz links, aber wir haben das geändert. (Des Rezensenten Molière liegt unter seinen *livres difficiles a trouver*, er verläßt sich aber auf sein Gedächtnis, daß das nicht Thomas sagte, dessen Fehler nicht Begierde zu Neuerungen war, sondern der zum Arzte geprügelte Sganarell.)

(Göttingische Anzeigen von gelehrten Sachen)

Gelehrte Anzeigen, Tübingen

Als Roman taugt diese Schrift wenig. Wie es bei allen solchen Erfindungen ist, die nicht sowohl freie Produkte des Geistes als einer gewissen Privatabsicht sind, so ist es auch hier: Die Kunst rächt sich dann immer an dem, der ihren Zweck verkehrte. Man sieht es den Charakteren und Situationen, die hier aufgestellt werden, nur zu sehr an, daß sie nicht für sich selber bestehen und nicht aus sich selber hervorgehen, sondern, dienstbar der Leidenschaft des Verfassers, die und deren Richtung aus so vielen wiederholten Explosionen bekannt ist, sich seinen besondern Absichten überall bequemen müssen. Indessen ist dennoch nicht zu leugnen, daß die gewählte Einkleidung sichtbare Vorzüge vor derjenigen hat, welche uns der kampflustige Verfasser, Herr Nicolai, schon in früheren Schriften von ähnlicher Beabsichtigung, im »Sempronius Gundibert« und in dem schalsten aller seiner Romane, in dem mit Recht nun vergessenen »Dicken Manne«, schaugestellt hat. Auch durch Sprache und Einfälle verdient diese Schrift jenen vorgezogen zu werden. Was den Zweck des Werkchens selber betrifft, manche herrschenden Mißbräuche unserer Literatur von ihrer lächerlichen und verwerflichen Seite herauszuheben, so wird kein unparteiisch Gesinnter denselben mißbilligen können, da die hier gerügten Torheiten wohl schwerlich können abgeleugnet werden. Besonders ist der kritisch-ästhetische Jakob Böhme unseres Zeitalters unter dem Namen Pandolfo gar nicht mit Unrecht hier aufgeführt worden. Mögen auch immer einige Mißverständnisse (wirklich klingen manche der ausgehobenen Orakelsprüche dieses guten, aber verschraubten Kopfes widersinniger, als sie in der Tat sind) mit unterlaufen, mögen unter den Einflüssen der Leidenschaft oder des Belustigungstriebes die Gemälde oft zu grell ausgefallen sein, Rezensent (mit den Worten im Munde: *Iliacos intra muros peccatur et extra*) schätzt die Wahrheit und ihre Apostel, wenn er schon diesen, von Wahrheitsliebe gedrungen, nicht eben für einen reinen halten kann.

(Gelehrte Anzeigen. Tübingen 1799 vom 23. September. 77. Stück)

Allgemeine Literatur-Zeitung, Jena und Leipzig

Wer die Alleinweisheit mancher junger Philosophen, den gelehrten Egoismus, das stolze Hinwegsetzen über bürgerliche Verhältnisse und Konvenienz, kurz, wer die Zeichen der Zeit zu sehen und sich darüber zu ärgern Gelegenheit gehabt hat, der wird bei der Lektüre dieses Romans den Satyr preisen, der sie scharf ins Auge faßte und mit Witz und Laune solche Torheiten züchtigt. Rez. ist weit entfernt zu leugnen, daß nicht manche Übertreibungen in dem Werke vorkommen sollten, weit entfernt zu leugnen, daß nicht manche Sätze der neuern Philosophie mißverstanden – vielleicht absichtlich mißverstanden worden seien; aber das Recht zu einiger Übertreibung muß dem Satyriker schon zugestanden werden; das leise Berühren heilt das Gebrechen nicht.

Ein junger Mensch von Anlagen kommt von der Universität voll philosophischen und belletristischen Dünkels zurück, und mit seiner Zurückkunft beginnen diese Briefe, die seine Schwägerin Adelheid, die Witwe seines verstorbenen Bruders, an eine Freundin schreibt und die unsern Helden zum Gegenstand haben. Adelheid hat auf ihn als Knaben schon vieles gehalten, sie erkennt auch noch jetzt seine glücklichen Anlagen, die nur falsch gelenkt worden sind, wieder, und daher kommt es, daß sie sein ganzes Tun und Treiben so ausführlich beschreibt. Sie beschließt, ihn zu bessern. Sehr fein ist der stufenweise Fortgang ihrer Bemühungen angegeben, wie sie erst an seinem genialischen Äußern bessert, ihn dann in Gesellschaften führt, um ihn menschlicher zu machen, dann den Trieb nach bestimmten Geschäften in ihm erweckt und ihn endlich auch Geschmack an bürgerlicher Tätigkeit finden läßt. Schon die Idee, einen solchen verbildeten Menschen durch ein edles Weib wieder zurechtzuführen, ist sehr glücklich. Aber unvermerkt hat sich die Liebe beider Herzen bemeistert, die Hochachtung des Schülers gegen seine Lehrerin geht in Liebe über, und auch sie hat aus dem langen Umgang eine Wunde davongetragen. Der Schüler Gustav wirbt förmlich um seiner Lehrerin Hand. Aber die Lebensklugheit, die sie vor ihm voraus hat, leitet sie auch hier. Sie ist neun Jahre älter als er, und sie sieht voraus, daß nach und nach seine Liebe an diesem ungleichen Verhältnis erkalten würde. Sie beschließt also, für ihn zu handeln, und da er hin und wieder einige Neigung für ein anderes Mädchen hat blicken lassen, so beschließt sie sich auf- zuopfern und ihn durch die Hand der Jüngern Geliebten glücklich zu machen. Dieses Übergewicht, welches ihr Lebensklugheit und Erfahrung vor ihrem immer noch zu sehr durch Phantasie und Spe- kulation geleiteten Geliebten gibt, ist wieder sehr fein und glücklich dargestellt. Sie wirbt selbst für ihn um Amaliens Hand, nachdem sie vorher zu einer Hofratsstelle geholfen, und beschließt mit der edels- ten Resignation, bei ihren Freunden zu wohnen, ihre Kinder zu erziehen und in ihrer Liebe glücklich zu sein. Aber das Gewicht dieser Aufopferung drückt sie schwerer, als sie sich selbst gestehen möchte; sie fällt in eine Art von Schwermut und stirbt nach einigen Jahren.

Man sieht, wie zweckmäßig die Dichtung ist, in die der Vf. seine höheren Zwecke verhüllt hat, nur würden wir die arme Adelheid am Ziele nicht sterben, sondern in dem Bewußtsein ihrer guten Tat Beruhigung finden lassen, um so mehr, da der Roman bis dahin mehr in der leichten und launichten Gattung gearbeitet ist und da- mit dieser Tod zu schneidend kontrastiert. Der Vortrag ist leicht und angenehm, nur sollte er, da Adelheid als ein Frauenzimmer von Stande und von hoher Kultur dargestellt ist, um einige Grade edler sein, und besonders hätte der Vf. sich einige zu gemeine Gleichnisse und Ausdrücke nicht erlauben sollen. Was seine Mei- nungen betrifft, so wiederholen wir nochmals, daß wir nicht alles für Wahrheit erkennen, aber hier gerne den Dichter entschuldigen.

(Allgemeine Literatur-Zeitung. Jena und Leipzig 1799. Nr. 343 vom 26. Oktober)

Der Genius der Zeit, Altona

Es herrscht in unserer Literatur ein wirklich schändliches Unter- drückungssystem, welches – wie das in der Politik – allen Gemeingeist um einiger Usurpatoren willen zu vernichten droht. Durch diese Herrschaft anmaßender Genies muß notwendig die einzige rechtmäßige Herrschaft des guten Geschmacks zerstört werden. Unparteiische Freunde des gefälligen Schönen mögen dieses beurteilen und unsere Epoche in der Ästhetik mit dem blühenden Zeitpunkte des Geistes aller Nationen vergleichen. Fällt in dieser Zusammenstellung das Urteil nicht zum Vorteil für unsre Periode aus, so müssen wir um so mehr die Bemühungen derjenigen ehren, die sich's angelegen sein lassen, den usurpatorischen Übertreibungsgeist wieder unter den Gehorsam des sanft gebietenden guten Geschmacks und seiner Regelmäßigkeit zu bringen. Ein durch Lehren und Beispiel dahin zielendes Werk sind die »Vertrauten Briefe von Adelheid B. an ihre Freundin Julie S.«, Berlin und Stettin bei Friedrich Nicolai 1799.

Ich weiß nicht, wie die Philosophen dieses Buch beurteilen und ob sie es wiederum nur für den niedrigsten Pöbel der Lesewelt erträglich finden werden: Dem unbefangenen Leser tut es wohl, sich aus dem egoistischen Schwindel wieder in die wahre Welt versetzt zu sehen und einen Roman in die Hand nehmen zu können, den er, ohne ein sittliches Gefühl zu beleidigen, jedem, wo nicht zum Muster oder Spiegel, so doch gewiß zum aufmerksamen Lesen empfehlen darf.

(Der Genius der Zeit. Ein Journal. Altona. 1799)

Neue Allgemeine Deutsche Bibliothek, Kiel

Diese Briefe (deren Verfasser Hr. Fr. Nicolai ist) liefern, von ebenso fester als feiner Hand gezeichnet, das äußerst interessante Bild einer geistreichen und edeln Frau, die früh schon das Opfer ihrer Pflicht ward – welches die Vorrede erzählt – und als ein solches stirbt, wie sich aus dem Schlüsse dieser Briefe ergibt. Freilich war die Pflicht, der sie sich opferte, nur edler Stolz, nur ein Gebot der Klugheit, nur ein Trieb des Wohlwollens; sie wollte ihren geliebten Gustav, der zehn Jahr jünger war als sie, nicht heiraten: »Wissen Sie, Gustav«, sagt sie zu ihm S. 209, »ich gehöre nicht zu den Frauen, die nach einem alten Manne einen jungen heiraten. Ich bin zu stolz dazu. Lassen Sie mir diesen Stolz, selbst wenn er Vorurteil wäre. Und von Ihrer Seite ist es auch wohl war, was ich Ihnen vorher

sagte: Sie würden mich nach jeden zehn Jahren (er war fünfundzwanzig, sie gab sich, mit einer kleinen Vergrößerung, für fünfunddreißig) viel älter finden als zehn Jahre mehr: Und das würde auch
meinen Stolz beleidigen; aber, was noch mehr ist, es würde mich
unglücklich machen – deswegen, weil ich Sie nicht glücklich sähe.
Ich würde doppelt unglücklich sein, weil ich's vorhergesehen hätte
und mir vorwerfen müßte, daß ich von dem Feuer der Leidenschaft
eines Jünglings meine Überlegung hätte verzehren lassen.« Aber so
unrein diese Tugend dem kategorischen Imperativ erscheinen muß,
welcher Unbefangene kann dem Weibe, das sie ausübt, und nach
einem solchen Kampf, als diese Briefe verraten, ausübt, seine hohe
Achtung versagen? Und wessen Auge kann trocken bleiben, wann
er liest (besonders S. 235, als der Geistliche sie auf immer verband
usw. bis zu Ende des Buchs), wie teuer diese Selbstüberwindung
der wackern Adelheid zu stehen kam! ...

Adelheid hat in hohem Grade Menschenkenntnis und die Gabe,
richtig über alles zu urteilen. Das sieht man unter anderm aus dem,
was sie über die neue und neueste Philosophie, die idealische
Stimmung der Idealität, die Poesie der Poesie, die Absolutheit der
Absolutheit usw. sagt. Für ein Weib spricht sie, könnte es scheinen,
fast zu viel davon; aber das Unwesen ward ihr auch sehr lästig, trat
ihr alle Augenblicke in den Weg und – ihr teurer, zum Teil von ihr
erzogener Gustav war davon angesteckt, sollte davon geheilt werden, und die edle Frau heilte ihn wirklich.

*(Neue Allgemeine Deutsche Bibliothek. 1800. 55. Band, 1. Stück, 3.
Heft)*

Über tredition

Eigenes Buch veröffentlichen

tredition wurde 2006 in Hamburg gegründet und hat seither mehrere tausend Buchtitel veröffentlicht. Autoren veröffentlichen in wenigen leichten Schritten gedruckte Bücher, e-Books und audio-Books. tredition hat das Ziel, die beste und fairste Veröffentlichungsmöglichkeit für Autoren zu bieten.

tredition wurde mit der Erkenntnis gegründet, dass nur etwa jedes 200. bei Verlagen eingereichte Manuskript veröffentlicht wird. Dabei hat jedes Buch seinen Markt, also seine Leser. tredition sorgt dafür, dass für jedes Buch die Leserschaft auch erreicht wird.

Im einzigartigen Literatur-Netzwerk von tredition bieten zahlreiche Literatur-Partner (das sind Lektoren, Übersetzer, Hörbuchsprecher und Illustratoren) ihre Dienstleistung an, um Manuskripte zu verbessern oder die Vielfalt zu erhöhen. Autoren vereinbaren direkt mit den Literatur-Partnern die Konditionen ihrer Zusammenarbeit und partizipieren gemeinsam am Erfolg des Buches.

Das gesamte Verlagsprogramm von tredition ist bei allen stationären Buchhandlungen und Online-Buchhändlern wie z. B. Amazon erhältlich. e-Books stehen bei den führenden Online-Portalen (z. B. iBookstore von Apple oder Kindle von Amazon) zum Verkauf.

Einfach leicht ein Buch veröffentlichen: **www.tredition.de**

Eigene Buchreihe oder eigenen Verlag gründen

Seit 2009 bietet tredition sein Verlagskonzept auch als sogenanntes "White-Label" an. Das bedeutet, dass andere Unternehmen, Institutionen und Personen risikofrei und unkompliziert selbst zum Herausgeber von Büchern und Buchreihen unter eigener Marke werden können. tredition übernimmt dabei das komplette Herstellungs- und Distributionsrisiko.

Zahlreiche Zeitschriften-, Zeitungs- und Buchverlage, Universitäten, Forschungseinrichtungen u.v.m. nutzen diese Dienstleistung von tredition, um unter eigener Marke ohne Risiko Bücher zu verlegen.

Alle Informationen im Internet: **www.tredition.de/fuer-verlage**

tredition wurde mit mehreren Innovationspreisen ausgezeichnet, u. a. mit dem Webfuture Award und dem Innovationspreis der Buch Digitale.

tredition ist Mitglied im Börsenverein des Deutschen Buchhandels.

Dieses Werk elektronisch lesen

Dieses Werk ist Teil der Gutenberg-DE Edition DVD. Diese enthält das komplette Archiv des Projekt Gutenberg-DE. Die DVD ist im Internet erhältlich auf **http://gutenbergshop.abc.de**